Hans Schlotthauer · Helmut Stein

Kaufmann/Kauffrau im Groß- und Außenhandel

Prüfungstrainer Zwischenprüfung
Übungsaufgaben und erläuterte Lösungen

Lösungs- und Erläuterungsteil

Bestell-Nr. 421

U-Form-Verlag Hermann Ullrich (GmbH & Co) KG

Ihre Meinung ist uns wichtig!

Bei Fragen, Anregungen oder Kritik
zu diesem Produkt senden Sie bitte
eine E-Mail an:

feedback@u-form.de

Wir freuen uns auf Ihre Rückmeldung.

Bitte beachten Sie:

**Zu diesem Prüfungstrainer gehören auch noch ein Aufgabenteil und
ein Lösungsbogen.**

COPYRIGHT

U-Form-Verlag, Hermann Ullrich (GmbH & Co) KG
Cronenberger Straße 58 · 42651 Solingen
Telefon 0212 22207-0 · Telefax 0212 208963
Internet: www.u-form.de · E-Mail: uform@u-form.de

3. Auflage 2009 · ISBN 978-3-88234-421-9

Inhaltsverzeichnis/Lösungsteil

Arbeitsorganisation

1.01

a) Die **Beschaffungsabteilung** (der Einkauf) prüft Angebote, um den leistungsfähigsten und günstigsten Lieferer festzustellen. Ihm erteilt sie die Bestellung. Auftragsbestätigung und Rechnung werden genau kontrolliert und die Rechnung zur Zahlung weitergegeben. Die Beschaffungsabteilung arbeitet eng mit Lager, Rechnungswesen und Vertrieb zusammen.

5

b) Nachdem die Warenannahme eine Lieferung überprüft hat, erfolgt die Einsortierung im **Lager.** Die Zugänge werden im Warenwirtschaftssystem in der Lagerdatei verbucht.

Die eingelagerten Güter müssen anschließend regelmäßig kontrolliert werden, ob die Qualität und Menge der Bestände den Anforderungen noch entsprechen. Durch die Einlagerung kann sich aus verschiedenen Gründen nicht nur der Bestand mengenmäßig verringern, sondern es können auch Qualitätseinbußen erfolgen.

1

Bei der Globatex AG wird regelmäßig überprüft, ob die eingelagerten Artikel noch die gewünschte Qualität haben oder durch die Lagerung evtl. Schäden entstanden sind. Die Lagerbestände werden hinsichtlich des Vorrates, der Qualität, der Menge und des Wertes genau kontrolliert.

c) Um den **Versand** verkaufter Güter kümmern sich Frachtführer und Spediteure. In größeren Unternehmen sind aus Kostenersparnisgründen oft eigene Verkehrsabteilungen (Spedition, Seefracht) eingerichtet, die nach den einschlägigen Bestimmungen selbst die Beförderung der Güter in die Wege leiten.

4

d) Die Abwicklung des Zahlungsverkehrs liegt im Aufgabenbereich des **Rechnungswesens.** Innerhalb des Rechnungswesens werden in der Buchführung die Vermögens- und Kapitalbestände und deren Veränderung erfasst. Dies dient zur Ermittlung des Erfolges eines Rechnungszeitraumes (Jahr/Monat) und liefert Unterlagen für die Besteuerung. Auch für die Kostenrechnung, Statistik und Planung liefert es die Daten.

2

e) Der Vertrieb hat die Aufgabe, für den Absatz der Waren zu sorgen. Erst dadurch können die Kosten gedeckt und Gewinne erzielt werden. Die Globatex AG ist ein Großhandelsunternehmen, das auf internationaler Ebene Groß- und Einzelhändler beliefert.

3

Im vorliegenden Fall handelt es sich um einen Kunden in Konstanz. Paul M. arbeitet also in der Abteilung **Vertrieb Inland.**

1.02

Die richtigen Lösungen lauten **2.** und **4.**

2 4

Zu 2. Für Geschäftsbriefe wird der normgerechte Vordruck **„Geschäftsbrief – Einzelvordrucke und Endlosvordrucke", DIN 676,** eingesetzt.

Grundsätzlich unterscheidet DIN 676 zwischen den Vordrucken Form A und Form B. Das Feld für den Briefkopf ist in Form A schmaler als in Form B (siehe die Maße in der folgenden Abbildung), dadurch bietet Form A mehr Raum für den Brieftext.

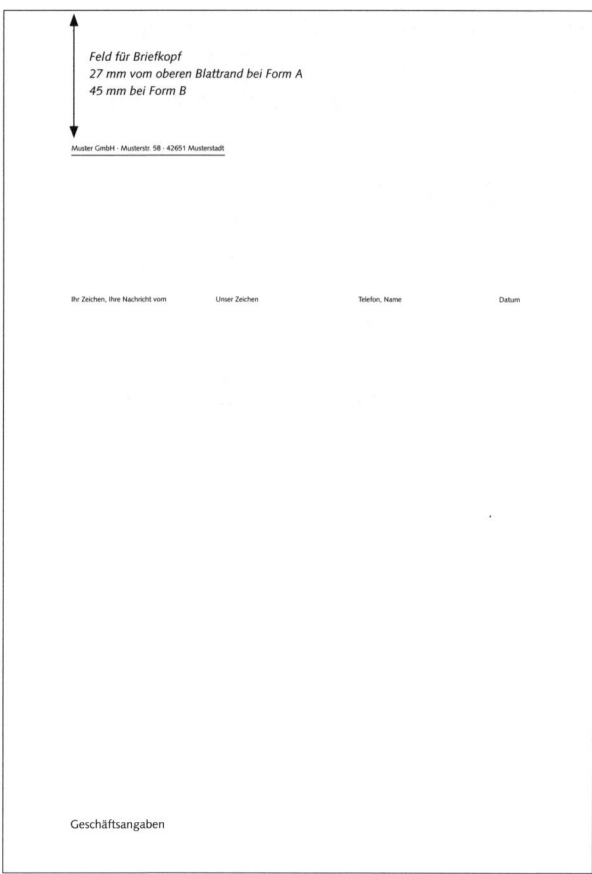

Zu 4. Dieser Vordruck bildet die Grundlage für die einheitliche Anwendung der „Schreib- und Gestaltungsregeln für die Textverarbeitung", DIN 5008.

Die Aussagen **1., 3.** und **5.** treffen nicht zu.

Zu 1. Kurzmitteilungen (auch als „Kurzbriefe" oder „Kurznotiz" bezeichnet) sind die Begleitzettel zu Sendungen, auf denen angekreuzt wird, was der Empfänger mit dem beigefügten Schriftstück machen soll, z. B. es zur Kenntnis nehmen, Stellung dazu nehmen oder es einfach nur behalten. Als genormter Vordruck erscheinen sie unter „Kurzmitteilung" (DIN 5012).

Zu 3. Lieferscheine und Rechnungen sind nach DIN 4991 genormt.

Zu 5. Formatvorlagen bzw. Vordrucke für Telefonnotizen sind nicht genormt und nur für den betriebsinternen Gebrauch bestimmt. Bei dringenden Telefongesprächen ist es heute üblich, geeignete Computersoftware für interne Notizen zu verwenden und die betreffenden Personen, die über Gesprächsinhalte informiert werden müssen, per E-Mail zu informieren.

1.03

Die Fähigkeit, Arbeitsabläufe mit geeigneten methodischen Vorgehensweisen problemadäquat und effizient zu gestalten, gehört zu den Kernqualifikationen eines Mitarbeiters. Er muss in der Lage sein, seine Arbeitsdichte so zu organisieren, dass u. a.

– die vorgegebenen Unternehmensziele optimal erreicht werden,

– die Wünsche der Kunden zeitnah und zufriedenstellend erledigt werden

– wichtige Termine eingehalten werden

– ein reibungsloser Ablauf gewährleistet ist (kein Leerlauf entsteht).

Dafür müssen die Aufgaben gewichtet und Prioritäten festgelegt werden. Es gibt Methoden bzw. Prinzipien, die ein effizientes (rationelles) Vorgehen sicherstellen.

Dazu gehören u. a.:

– **Die ABC-Analyse**

Nach dieser Methode werden die zu erledigenden Arbeiten nach ihrer Wichtigkeit unterteilt in:
A-Aufgaben: wichtig
B-Aufgaben: weniger wichtig
C-Aufgaben: zeitraubende Routinearbeit

Angewendet werden kann auch

– **das Eisenhower-Prinzip.**
Hier wird zunächst zwischen wichtigen und dringenden Aufgaben unterschieden:

Wichtige Aufgaben	Dringende Aufgaben
Sie sind unmittelbar mit Ihren Zielen verknüpft. Wann diese Aufgaben erledigt werden, hängt von ihrer **Dringlichkeit** ab.	Sie müssen **sofort** erledigt werden. Wer die Aufgabe erledigt, hängt von deren **Wichtigkeit** ab.

Daraus ergeben sich folgende vier Möglichkeiten:

1-Aufgaben Aufgaben, die dringend und wichtig sind, müssen sofort erledigt werden

2-Aufgaben Wichtige Aufgaben, die aber noch nicht dringend sind, können später bearbeitet werden

3-Aufgaben Unwichtige, aber dringende Aufgaben können delegiert werden

4-Aufgaben Aufgaben, die weder wichtig noch dringend sind, wandern in den Papierkorb

Antwortmöglichkeit **5.** bietet die sinnvollste Vorgehensweise, um effizient (rationell) den Arbeitsanfall abzuarbeiten.

5

1.04

Mnemotechnisch abgelegtes Schriftgut ist nach Kennbuchstaben, die dem Inhalt des Schriftgutes entsprechen (z. B. ER = Eingangsrechnungen, PA = Personalabteilung) geordnet. Innerhalb dieser Kennbuchstaben kann nach einem anderen Ordnungssystem (z. B. laufender Nummer) abgelegt werden.

Das gesuchte Schriftstück (Eingangsrechnung = **ER**, innerhalb dieser Rubrik nach Datum) ist mnemotechnisch abgelegt. Kennziffer **3.** ist also die richtige Lösung.

3

Schriftgut kann

- **alphabetisch**
- **numerisch**
- **alphanumerisch**
- **chronologisch**
- **mnemotechnisch**

geordnet sein.

Bei der **alphabetischen** Ablage garantiert die Anwendung der „ABC-Regeln" nach DIN 5007 („Ordnen von Schriftzeichenfolgen") eine einheitliche Ablage.

Die **numerische** Ordnung hat durch die Datenverarbeitung immer mehr an Bedeutung gewonnen. Bei diesem Ordnungssystem nach laufenden Nummern wird dem Schriftstück ein sofort auffindbarer Platz zugewiesen. Durch die Unterteilung im dekadischen System (Zehnernummerierung) wird jeder Zahl eine bestimmte Aussage zugeordnet (6.3.4 = Hauptgruppe 6, Gruppe 6.3, Untergruppe 6.3.4).

Bei der **alphanumerischen** Ordnung – einer Mischung aus alphabetischer Ordnung und Zahlensystem – entsprechen die Buchstaben den Hauptgruppen, die Zahlen den Gruppen und Untergruppen.

Das **chronologische** Ordnungssystem speichert das Schriftgut in zeitlicher Reihenfolge (nach Datum). Die kaufmännische Form der Ablage heftet das jüngste Schriftstück jeweils <u>auf</u> die älteren, die Behördenablage heftet das jüngste Schriftstück <u>unter</u> die älteren.

Die **mnemotechnische** Ordnung ist eine Ablage nach Kennbuchstaben, die dem Inhalt des Schriftgutes entsprechen, z. B. ER = Eingangsrechnung, Z = Zeichnung, PB = Prüfbericht.

1.05

Schriftgut muss zeitsparend und sicher wiedergefunden werden. Man unterscheidet zwischen einer **zentralen** und **dezentralen** Form der Aufbewahrung.

Dokumente zur Firmengeschichte werden selten gebraucht. Sie sind aber von dauerhaftem Wert und werden deshalb diebstahl- und feuersicher im **Archiv** (ggf. einem Tresor) aufbewahrt.

Kennziffer **5.** ist daher die richtige Lösung.

| 5 |

Zu 1. Altablage: Abgeschlossene Vorgänge, die z. B. der gesetzlichen Aufbewahrungspflicht unterliegen, werden in der Altablage aufbewahrt. Die Altablage kann sich in der Zentralregistratur oder in dezentral verwalteten Räumen befinden.

Zu 2. Arbeitsplatzablage: Unterbringung der Unterlagen im oder am Schreibtisch. Diese Ablage umfasst das Schriftgut, das zurzeit aktuell bearbeitet wird.

Zu 3. Abteilungsablage: Schriftgut, das von mehreren Sachbearbeitern einer Gruppe benötigt wird, wird in einem zentralen Raum der betreffenden Abteilung abgelegt.

Zu 4. Zentralregistratur: Darin befindet sich das Schriftgut mehrerer Abteilungen oder auch des ganzen Betriebes.

1.06

Reihenfolge der Arbeitsschritte

1. Schritt:
Erstellen eines Organisationsauftrages (c)

2. Schritt:
IST-Aufnahme (e)

3. Schritt:
Auswertung des IST-Zustandes (f)

4. Schritt:
Ausarbeitung eines SOLL-Vorschlages (b)

5. Schritt:
Test (SOLL-IST-Vergleich) (a)

6. Schritt:
Einführung (d)

a)	5
b)	4
c)	1
d)	6
e)	2
f)	3

Die Unternehmensleitung erteilt einen entsprechenden Organisationsauftrag. Die Arbeit beginnt mit der IST-Aufnahme, d. h. mit der Erfassung des Arbeitsablaufs zum gegenwärtigen Zeitpunkt. Die kritische Analyse zeigt, wo Schwachstellen Verbesserungen notwendig machen und wo bestehende Abläufe übernommen werden können. Dann erarbeitet das Organisationsteam einen SOLL-Vorschlag, der einem Testlauf (Kontrolle) unterzogen und bei Bewährung von der Unternehmensleitung eingeführt wird.

1.07

Die elementaren Bestandteile eines Handlungsablaufs (= typischer Tätigkeitsablauf) lassen sich wie folgt darstellen:

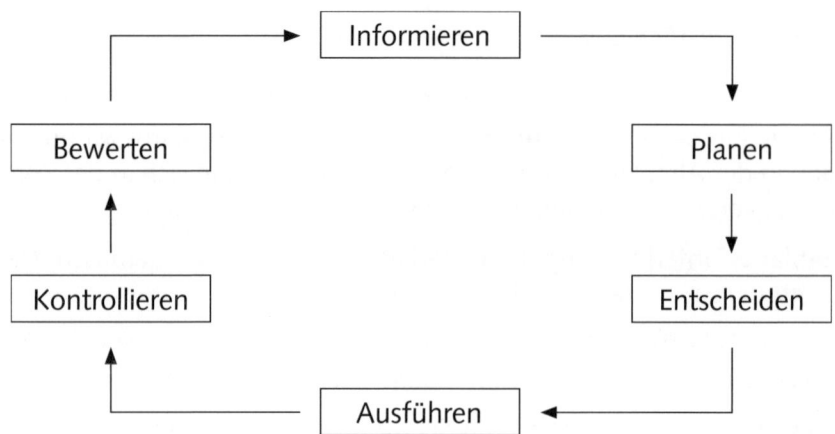

1. Informieren

– Ausgangssituation erkennen bzw. verstehen sowie die erforderlichen Informationen beschaffen und entsprechend aufbereiten.

2. Planen

– Vorgehensmöglichkeiten prüfen, Lösungsalternativen erarbeiten, Arbeitsplan entwickeln
– Zeitdauer und Mitteleinsatz abwägen.

3. Entscheiden

– Alternativen vergleichen und eine Entscheidung herbeiführen, welche Vorgehensweise effizient ist.

4. Ausführen

– Durchführen der Tätigkeiten, allein oder arbeitsteilig.

5. Kontrollieren

– Ergebnisse selbstständig kontrollieren (Soll-Ist-Vergleich), ob die Ausführungen erfolgreich waren.

6. Bewerten

– Prozessablauf bewerten, um die daraus gewonnenen Erkenntnisse für die Bewältigung zukünftiger Aufgaben zu nutzen.

Das Projekt-Team befindet sich zurzeit in der Entscheidungsphase. 3

1.08

Sinn des betrieblichen Vorschlagwesens ist es, alle Mitarbeiter anzuregen, verbesserungswürdige Zustände zu erkennen und Ideen bzw. brauchbare Verbesserungsvorschläge einzureichen; die Einzelheiten dazu sind i. d. R. in einer Betriebsvereinbarung festgelegt. Brauchbare Verbesserungsvorschläge werden mit einer Prämie honoriert.

Verbesserungsvorschläge sollen u. a.

– die Arbeitsabläufe effizienter gestalten

– die Kosten senken

– die Qualität verbessern

– die Zusammenarbeit verbessern.

2

5

6

Neben den direkten Vorteilen (Erhöhung der Wirtschaftlichkeit/Rentabilität) können Verbesserungsvorschläge aber auch das Selbstwertgefühl der Mitarbeiter und die Identifikation mit dem Unternehmen erhöhen.

1.09

Schreib- und Druckpapiere sind nach **DIN 476** genormt. Das Ausgangsformat ist A0, ein Rechteck mit einem Flächeninhalt von 1 m² und einem Seitenlängenverhältnis von 1 : 2. Daraus wird durch fortgesetztes Hälften oder Doppeln die A-Reihe abgeleitet, das ist die Hauptreihe. Sie wird für Geschäftsbriefe, Vordrucke, Zeichnungen, Prospekte u. Ä. angewendet.

Die Zusatzreihen der B- und C-Formate sind in ihrer Größe so angelegt, dass Schriftgut des jeweils abhängigen Formates der kleineren Reihe (A bzw. C) darin untergebracht werden kann. C- und B-Formate werden also für Briefhüllen, Mappen, Aktendeckel verwendet. Die B-Reihe hat größere Formate als die C-Reihe.

Für die Aufgabe 1.09 ergibt sich daher als Lösung:

a) **Karteikarte, halb so groß wie A5 = A6 (siehe unten stehende Abbildung).**
Eine Karteikarte dieser Größe wird zweckmäßigerweise in einer Briefhülle **C6** verpackt.

3

b) **Geschäftsbrief, Vordruck A4, nach DIN 676 gefaltet**
Ein nach DIN 676 gefalteter Geschäftsbrief passt in die Briefhülle **DL**.

6

c) **Schriftstück in C4-Aktendeckel**
Ein C4-Aktendeckel muss in einer Briefhülle der nächsthöheren Formatreihe untergebracht werden, also in **B4**.

5

d) **Schriftstück in A4-Format, ungefaltet**
Das entsprechende Briefhüllenformat ist **C4**.

1

e) **C5-Briefhülle, noch einmal zu verpacken**
Die nächsthöhere Format-Reihe ist die B-Reihe. Das entsprechende Briefhüllenformat in diesem Fall wäre also **B5**.

2

f) **Broschüre in A5-Format**
Eine Einlage in A5-Format wird in einer Briefhülle **C5** untergebracht.

4

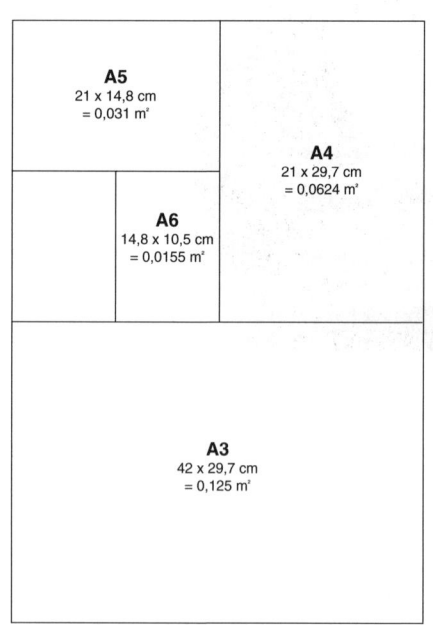

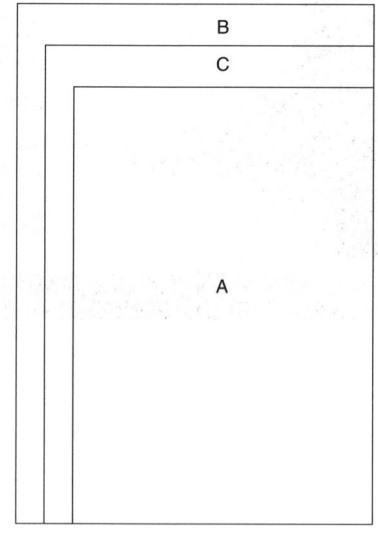

Verkleinerte schematische Darstellung der Papier-Endformate nach ISO (International Organization for Standardization); Europäische Norm EN 20216

1.10

Der Vordruck für den Geschäftsbrief, DIN 676, zz. gültige Ausgabe Mai 1995, sieht verschiedene Varianten vor. Wichtig ist die Unterscheidung in Form A und Form B.
Die Höhe des Briefkopfes beträgt bei Form A 27 mm, bei Form B 45 mm. Der Briefkopf bei Form A ist also schmaler.

Die Aussage **2.** der Aufgabe 1.10 ist daher **nicht** richtig.

2

Alle anderen Aussagen sind richtig.

Das Anschriftfeld ist 40 mm hoch und 85 mm breit.
Nach DIN 5008:2005 sieht die Aufteilung der Aufschrift dann wie folgt aus:

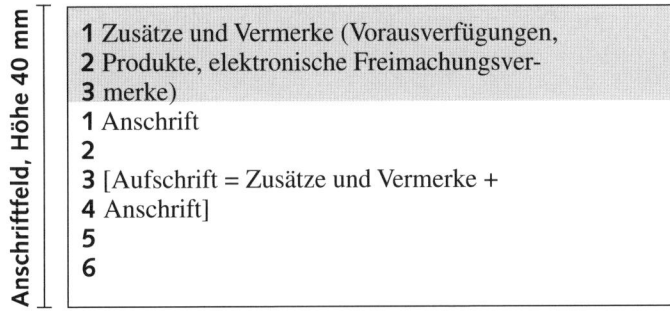

Zusatz- und Vermerkzone
(12,7 mm)

Anschriftzone
27,3 mm)

Anschriftfeld, Breite 85 mm

1.11

Die Schreibweise von Kalenderdaten ist in DIN 5008 unter den Abschnitten 9.4.1 und 9.4.2 geregelt. Danach ist sowohl eine **numerische** als auch eine **alphanumerische** Schreibweise von Daten zulässig.
Die Reihenfolge des numerisch geschriebenen Datums lautet:
Jahr-Monat-Tag. Die Angaben werden mit Mittestrich gegliedert. Tag und Monat werden zweistellig angegeben.

Folgende Schreibweisen des in der Aufgabe angegebenen Datums sind nach DIN 5008 möglich:

Numerische Schreibweise	Alphanumerische Schreibweise
2009-01-02	2. Januar 2009
09-01-02	2. Jan. 2009

Sofern keine Missverständnisse entstehen, darf auch die Schreibung in der Reihenfolge Tag, Monat, Jahr – gegliedert mit dem Punkt – verwendet werden: 02.01.2009 oder 02.01.09 sind also auch richtig.

Die unter **3.** in der Aufgabe angegebene Schreibweise ist demnach **falsch.**

3

1.12

Die Schreibweisen mit den Kennziffern **1.** und **6.** sind nach DIN 5008 **nicht** korrekt.

| 1 | 6 |

Zu 1. Es muss hier heißen: `8 Uhr` (siehe dazu DIN 5008, Abschnitt 9.5 „Uhrzeiten"). Die in der Aufgabe angegebene Schreibweise ist somit **falsch**.

Zu 6. Es muss hier heißen: `Frankfurter Damm 1 a`
Die in der Aufgabe verwendete Schreibweise ist **falsch**, da zwischen „1 a" **ein Leerzeichen** stehen muss.

Die Schreibweisen mit den Kennziffern **2.**, **3.**, **4.** und **5.** sind nach DIN 5008 korrekt.

Zu 2. Richtig: `04:30:24 Uhr`
Bei Angaben der Uhrzeit in Stunden, Minuten und Sekunden ist jede Einheit zweistellig anzugeben und mit dem Doppelpunkt zu gliedern.

Zu 3. Richtig: `1.245,30 EUR`
(vgl. DIN 5008, Abschnitt 9.2 „Gliederung von Zahlen")
Zahlen mit mehr als drei Stellen werden durch je ein Leerzeichen in dreistellige Gruppen gegliedert. Aus Sicherheitsgründen **können** insbesondere Geldbeträge mit dem **Punkt** gegliedert werden.

Zu 4. Richtig: Siehe Lösung 3.

Zu 5. Richtig: `Kantstr. 11 - 13`
Auch richtig ist: `Kantstr. 11/13`
(vgl. DIN 5008, Abschnitt 9.3 „Hausnummern")

2.01

Die gesuchte **falsche** Feststellung betrifft Ziffer **2.:**   2

Bei der Digital Subscriber Line (DSL) erfolgt die Datenübertragung über die herkömmliche Kupferleitung des Telefonnetzes.

Alle anderen Feststellungen sind richtig.

Zu 5. Während bei ISDN-Verbindungen max. bis zu 128 kbit/s (s. h. 2 x 64 kbit/s) übertragen werden können, beträgt die maximale Übertragungsrate bei einer DSL-Verbindung bis zu 100 Mbit/s.

2.02

Intranet

Ein Computernetzwerk, das einem geschlossenen Benutzerkreis innerhalb eines Unternehmens bzw. einer Organisation (z. B. Mitarbeiter der Zentrale und/oder Filialen) zum Datenaustausch zur Verfügung steht.

Extranet

Das Extranet ist wie das Intranet ein Computernetzwerk eines Unternehmens oder einer Organisation, das über den internen Gebrauch hinaus aber auch Partnern eines Unternehmens bzw. einer Organisation (z. B. Kunden, Lieferanten) zum Datenaustausch zur Verfügung steht. Die Nutzer müssen sich dazu über eine Zugangsberechtigung legitimieren.

a) 3

b) 1

c) 4

d) 2

D-Netze

D1 und D2 sind gut ausgebaute Mobilfunknetze. Über die mobile Kommunikation ist der Nutzer ständig erreichbar und kann u. a. Faxe senden/empfangen, Daten übertragen, auf andere Netzwerke zugreifen und E-Mails senden/empfangen.

Internet

Weltweit öffentlich zugängliches Computernetzwerk. Zu den wichtigsten Diensten zählen: Versenden von E-Mails, Beschaffung von Informationen über das World Wide Web (www.), der Austausch in sog. Chatrooms, das „Downloaden" von Dateien (File Transfer Protocol) sowie ein internationaler Nachrichtenaustausch in Newsgroups. Um das Internet zu nutzen, benötigt der Nutzer einen Service-Provider.

2.03

a) Geschäftliche E-Mails und Faxe, die Geschäftsbriefe ersetzen, müssen gesetzliche Pflichtangaben enthalten. Dies sind u. a.:

- der vollständige Firmenname
- Rechtsform der Gesellschaft, Rechtsformzusatz
- Sitz der Gesellschaft
- Registergericht und Handelsregister-Nummer
- Namen aller Geschäftsführer/aller Vorstandsmitglieder

3

5

b) Die E-Mail Adresse setzt sich zusammen aus

- dem Benutzernamen
- dem @-Zeichen
- dem Namen des Providers (Internetdienstanbieter), der gegen Entgelt verschiedene Leistungen für die Nutzung von Internet-Diensten bereitstellt (z. B. Vodafone, T-Online)
- sowie – nach einem Punkt – dem Domain-Namen (Top Level Domain, z. B. .de, .com).

2

Beispiel einer E-Mail-Adresse: Kaspers@yahoo.de

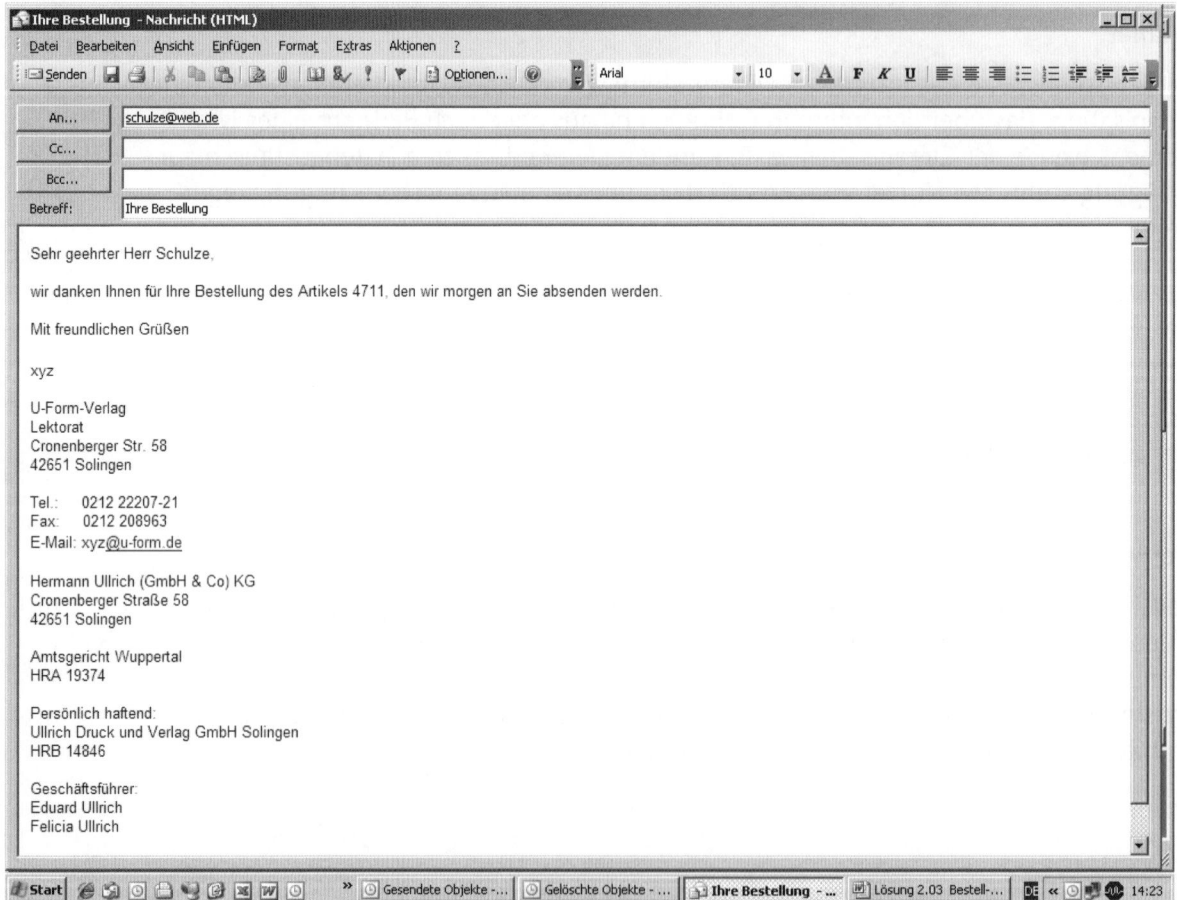

2.04

a) Kreisdiagramm

Das **Kreisdiagramm** stellt Anteile von Teilmengen an einer Gesamtmenge anschaulich dar.

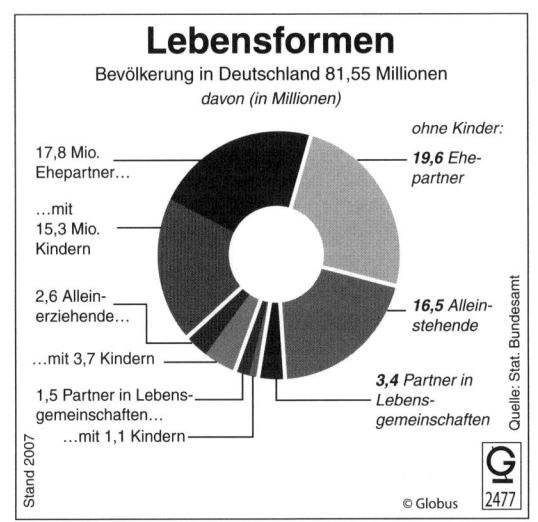

Kreisdiagramm   3

b) Kurvendiagramm

Die Daten werden beim **Kurvendiagramm** in Form von Linien, die sich an der x- und y-Achse orientieren, über einen bestimmten Zeitraum dargestellt; dadurch ist zu einem bestimmten Zeitpunkt ein sofortiges Erkennen von Entwicklungen (Trends) möglich.

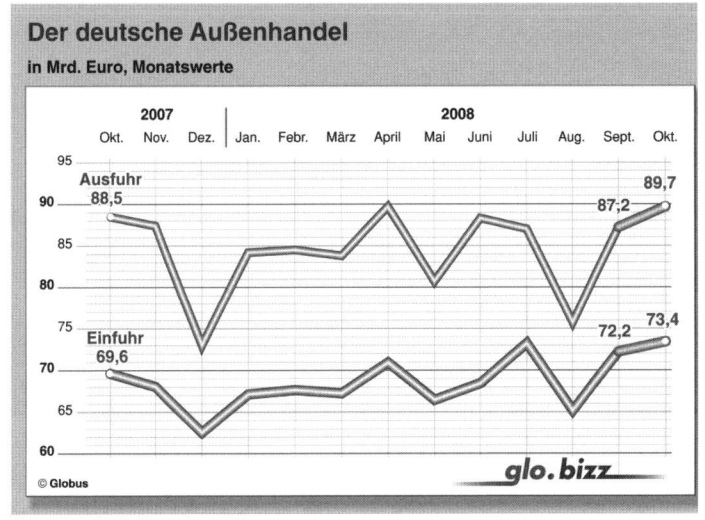

Kurvendiagramme   1

Fortsetzung auf der nächsten Seite.

2.04

Fortsetzung

c) Säulendiagramm

Diese Darstellung eignet sich besonders, um absolute Werte zu vergleichen, die für einen bestimmten Zeitraum gelten (z. B. für ein Jahr um Vergleich zu anderen Jahren). Das Säulendiagramm visualisiert das unterschiedliche Verhältnis der Werte zueinander.

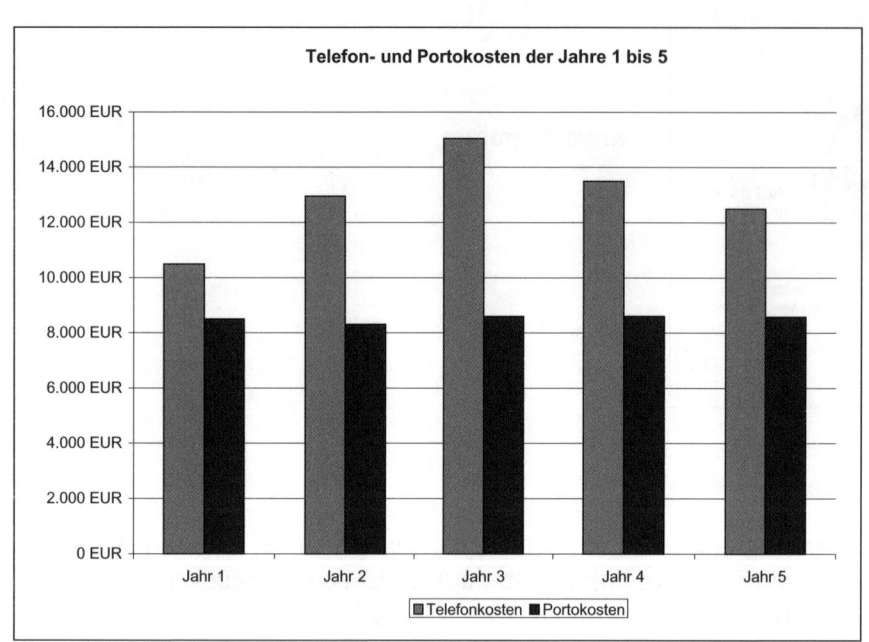

Telefon- und Portokosten der Jahre 1 bis 5

4

d) Tabelle

In der **Tabelle** werden Daten nach bestimmten Merkmalen in Spalten und Zeilen gegliedert dargestellt (z. B. listenförmige Gegenüberstellung von Daten bestimmter Zeiträume).

Umsatzstatistik
Produktgruppe: Bodenstaubsauger „Rasant"

2

Produkt-ausführung	Januar	Februar	März	April	Mai	Juni	Verkauf 1. Halbjahr	Verkaufspreis pro Stück Euro	Umsatz 1. Halbjahr Euro	Anteil am Umsatz 1. Halbjahr %
Standard	130	146	139	150	126	117	808	90,00	72.720,00	33,72
Luxus	95	105	118	105	97	89	609	115,00	70.035,00	32,47
Super GL	79	78	74	98	89	85	503	145,00	72.935,00	33,81
Gesamt	304	329	331	353	312	291	1.920		215.690,00	100,00

Fortsetzung auf der nächsten Seite.

2.04

Fortsetzung

e) Balkendiagramm

Das **Balkendiagramm** ist ähnlich dem Säulendiagramm, mit dem Unterschied, dass die Elemente parallel zur x-Achse liegen und waagerecht untereinander angeordnet sind. Das Balkendiagramm ist besonders geeignet, um Rangfolgen darzustellen oder bestimmte Zeiträume auf Plantafeln zu visualisieren, die als Balken farbig markiert werden.

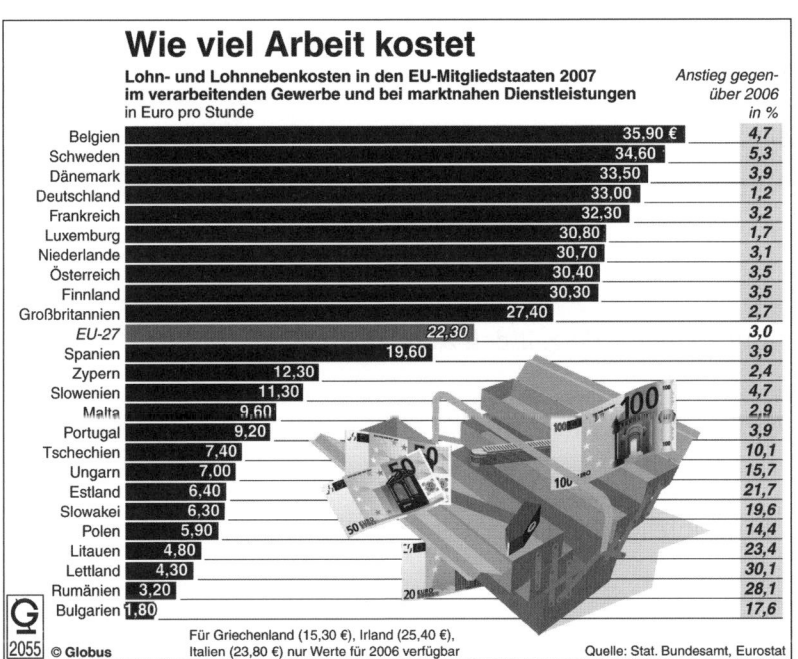

Wie viel Arbeit kostet

Lohn- und Lohnnebenkosten in den EU-Mitgliedstaaten 2007 im verarbeitenden Gewerbe und bei marktnahen Dienstleistungen in Euro pro Stunde

Land	in Euro pro Stunde	Anstieg gegenüber 2006 in %
Belgien	35,90 €	4,7
Schweden	34,60	5,3
Dänemark	33,50	3,9
Deutschland	33,00	1,2
Frankreich	32,30	3,2
Luxemburg	30,80	1,7
Niederlande	30,70	3,1
Österreich	30,40	3,5
Finnland	30,30	3,5
Großbritannien	27,40	2,7
EU-27	22,30	3,0
Spanien	19,60	3,9
Zypern	12,30	2,4
Slowenien	11,30	4,7
Malta	9,60	2,9
Portugal	9,20	3,9
Tschechien	7,40	10,1
Ungarn	7,00	15,7
Estland	6,40	21,7
Slowakei	6,30	19,6
Polen	5,90	14,4
Litauen	4,80	23,4
Lettland	4,30	30,1
Rumänien	3,20	28,1
Bulgarien	1,80	17,6

Für Griechenland (15,30 €), Irland (25,40 €), Italien (23,80 €) nur Werte für 2006 verfügbar

2055 © Globus

Quelle: Stat. Bundesamt, Eurostat

2.05

Der Prozess der Datenverarbeitung erfolgt nach dem Prinzip **E**ingabe, **V**erarbeitung, **A**usgabe (EVA).

Eingabevorgang:

Es werden Daten (Stammdaten/Bewegungsdaten) erfasst und für die Verarbeitung bereitgestellt.

Verarbeitungsvorgang:

Nach Erfassung und Bereitstellung werden die Daten verarbeitet. Es können

- Rechenoperationen durchgeführt werden
- Personennamen (z. B. von Kunden)
- Gegenstände (z. B. Artikel)
- Sachverhalte (z. B. Postleitzahl)

identifiziert und nach bestimmten Ordnungsmerkmalen sortiert werden.

Ausgabevorgang:

Die Ergebnisse der Verarbeitung können jederzeit den Adressaten

- zur Auswertung ausgedruckt
- auf dem Bildschirm zur Verfügung gestellt werden.

---

a) **Ausgabevorgang:** Die Einkaufsabteilung erhält eine Information über das Erreichen des Meldebestandes. | 3

b) **Verarbeitungsvorgang:** Ein Wert wird errechnet. | 2

c) **Eingabevorgang:** Erfassung von Lagerzugängen und -abgängen | 1

d) **Verarbeitungsvorgang:** Ermitteln eines Wertes | 2

e) **Ausgabevorgang:** Zusammenstellung von Listen über die Bestände | 3

2.06

a) Scanner, Tastatur und Maus sind Geräte zur **Dateineingabe.** | 2

b) Plotter und Drucker dienen der **Ausgabe** von Daten. | 3

c) Rechenwerk und Steuerwerk bilden Teile des Prozessors (**CPU** Central Processing Unit). Der Prozessor ist der Kern des Computers. Von ihm hängt die Leistungsfähigkeit des Computers ab. Das Steuerwerk steuert den Programmablauf nach bestimmten Anweisungen. Im Rechenwerk werden sämtliche Rechen- und Vergleichsoperationen durchgeführt. Der CPU zugeordnet ist der Arbeitsspeicher. Daraus entnimmt der Prozessor schrittweise die jeweiligen Daten zur Verarbeitung. Anschließend gibt der Prozessor die ermittelten Daten an den Arbeitsspeicher zurück. | 1

d) Der USB-Stick (Universal-Serial-Bus-Stick) ist ein Gerät im Format eines Feuerzeuges, das als auswechselbares **Speichermedium** dient (auch als USB-Speicher-Stick bezeichnet). | 4

e) Bestandteil des Prozessors **(CPU),** siehe Erläuterung zu c). | 1

f) Die Festplatte gehört – ebenso wie der USB-Stick (siehe zu d)) – zu den **Speichermedien (permanente Speicher, externe Speicher).** In einem „permanenten Speicher" können die Daten auch nach Abbruch der Stromzufuhr langfristig („permanent") gespeichert werden – im Gegensatz zum Arbeitsspeicher, dessen Datenspeicherung von der Stromzufuhr abhängt und daher „flüchtig" ist. | 4

2.07

Die richtige Lösung lautet **4.:** E-Mail. | 4

In einem internen und externen Computernetzwerk ist der Versand von E-Mails die schnellste und kostengünstigste Art der Nachrichtenübermittlung.

Zu 1. Das Telefon ist in diesem Fall nicht geeignet, weil schriftliche Unterlagen als Beweis vorliegen müssen und Missverständnisse durch Hörfehler ausgeschlossen werden müssen.

Zu 2. Die Gegensprechanlage ist ebenfalls nicht geeignet (siehe Ausführungen zu 1.).

Zu 3. Rundschreiben per Hauspost sind umständlich und zeitaufwändig.

Zu 5. Telefax kommt in diesem Fall nicht infrage, da der Einsatz von E-Mail schneller und kostengünstiger ist.

2.08

Die Programme zur Lösung branchenunabhängiger Aufgaben, die von vielen Anwendern einheitlich verwendet werden, bezeichnet man als Standardsoftware.

Dazu gehören im Wesentlichen:

- Textverarbeitungsprogramme (Be- und Verarbeiten von Texten)

- Datenbankprogramme
  Aus einer bestehenden Datenbank können mithilfe spezieller Befehle (z. B. Sortieren oder Filtern) die gewünschten Daten zusammengestellt und ausgedruckt werden.

- Tabellenkalkulationsprogramme (Erstellen/Bearbeiten von Tabellen)

- Grafikprogramme, Präsentationssoftware

- Integrierte Programme (enthalten mehrere der genannten Elemente)

Für die in der Aufgabe genannte Problemstellung wird als Lösung ein **Datenbankprogramm** eingesetzt.

`5`

2.09

Nach §§ 257 – 261 HGB gelten folgende **Aufbewahrungsfristen:**

Handelsbriefe	6 Jahre
Geschäftsbücher, Inventare und Bilanzen	10 Jahre

Nach § 147 Abgabenordnung (AO)

müssen außerdem

Buchungsbelege	10 Jahre

aufbewahrt werden.

Ergänzend zu diesen gesetzlichen Vorschriften muss ein Teil des Schriftgutes aus betrieblichen Erfordernissen gespeichert werden.

Es sind zu unterscheiden:

- Belege mit <u>Tageswert</u> (z. B. unverlangte Angebote), ohne betriebliche Aufbewahrungsfrist

  a) `1`

- Belege mit <u>Prüfwert</u> (z. B. Mahnungen, eigene Angebote), Aufbewahrungsfrist 1 Monat bis 3 Jahre

  b) `5`

- Belege mit <u>Dauerwert</u> (z. B. Lizenzen und Patente, Forschungsunterlagen), unbeschränkte Aufbewahrungsfrist

  c) `5`

2.10

Der Datenschutz ist in Deutschland durch das Bundesdatenschutzgesetz (BDSG) geregelt. Ziel des Datenschutzes ist der geregelte Umgang mit personenbezogenen Daten (§ 1 BDSG).

4

Maßnahmen, die den Datenschutz sicherstellen, sind u. a. Benutzerkontrolle, Organisationskontrolle, Speicherkontrolle, Übermittlungskontrolle, Zugriffs- und Zugangskontrolle.

Bei den Feststellungen **1., 2., 3.** und **5.** ist nicht vom Datenschutz die Rede, sondern von Datensicherheit.

2.11

Die betriebliche Datenschutzkontrolle wird dadurch gewährleistet, dass Unternehmen einen Datenschutzbeauftragten gemäß § 4 f BDSG bestellen müssen,

– wenn mindestens fünf Mitarbeiter mit der automatisierten Verarbeitung personenbezogener Daten ständig beschäftigt sind oder

– wenn mindestens 20 Mitarbeiter auf andere Weise solche Daten verarbeiten.

Entsprechend § 28 (1) BDSG ist es den Unternehmen erlaubt, personenbezogene Daten zur Abwicklung von Verträgen zu verarbeiten sowie Informationen aus Verkaufsgesprächen oder Bewerbungsunterlagen zu speichern und zu nutzen. Dazu ist von den Betroffenen eine schriftliche Einwilligung zur Verarbeitung und Nutzung personenbezogener Daten notwendig. Der Datenschutzbeauftragte hat insbesondere darauf zu achten, dass diese schriftliche Einwilligung von Anfang an vorliegt und die Datenschutzbestimmungen in der betrieblichen Praxis eingehalten werden.

Die richtigen Lösungen lauten **4.** und **6.**

4   6

Die Aussagen **1., 2., 3.** und **5.** treffen nicht zu.

---

§ 3 Weitere Begriffsbestimmungen

(1) Personenbezogene Daten sind Einzelangaben über persönliche oder sachliche Verhältnisse einer bestimmten oder bestimmbaren natürlichen Person (Betroffener).

(9) Besondere Arten personenbezogener Daten sind Angaben über die rassische und ethnische Herkunft, politische Meinungen, religiöse oder philosophische Überzeugungen, Gewerkschaftszugehörigkeit, Gesundheit oder Sexualleben.

§ 5 Datengeheimnis

Den bei der Datenverarbeitung beschäftigten Personen ist untersagt, personenbezogene Daten unbefugt zu verarbeiten oder zu nutzen (Datengeheimnis). Diese Personen sind, soweit sie bei nicht öffentlichen Stellen beschäftigt werden, bei der Aufnahme ihrer Tätigkeit auf das Datengeheimnis zu verpflichten. Das Datengeheimnis besteht auch nach Beendigung ihrer Tätigkeit fort.

Auszug aus dem Bundesdatenschutzgesetz (BDSG).

Ordnungswidrigkeiten können mit Geldbußen geahndet werden. Näheres bestimmt § 43 BDSG. Zu den Strafvorschriften verweisen wir auf § 44 BDSG.

2.12

Ziel des Datenschutzes ist der geregelte Umgang mit personenbezogenen Daten (Bundesdatenschutzgesetz). Geschützt werden alle Angaben, die über allgemein zugängliche Quellen (z. B. Telefonbuch) hinausgehen.

Jeder Bürger kann gemäß §§ 19 ff BDSG:

- **Auskunft verlangen** über die zu seiner Person gespeicherten Daten (Selbstauskunft)
- **Berichtigung verlangen**, wenn die gespeicherten Daten falsch sind
- **Sperrung verlangen**, wenn die Richtigkeit der Daten umstritten ist
- **Löschung verlangen**, wenn die Speicherung der Daten von Anfang an unzulässig war.

Laut Bundesdatenschutzgesetz müssen alle Mitarbeiter, die im Rahmen ihrer betrieblichen Tätigkeit von solchen Daten Kenntnis erhalten, auf das Datengeheimnis ausdrücklich verpflichtet werden. Größere Betriebe müssen einen **Datenschutzbeauftragten** benennen.

Zu den **geschützten personenbezogenen Daten** gehören

- Ergebnis einer Prüfung, die vor der Industrie- und Handelskammer abgelegt wurde
- Familienstand
- Sozialversicherungsnummer
- Personalnummer
- Bruttogehalt
- Religionszugehörigkeit

Die folgenden Daten sind nicht geschützt: Telefonnummern, Anschrift und Anzahl der Mitarbeiter. Sie sind über allgemeine Informationsquellen frei zugänglich.

3

6

9

2.13

Passwörter dienen der Datensicherheit, indem Sie vor unbefugtem Zugriff schützen sollen. Es sind Zeichenfolgen, die nur dem Zugriff berechtigter Personen bekannt sind. Bei der Festlegung von Passwörtern ist darauf zu achten, dass diese nicht von geübten „Passwortknackern" entschlüsselt werden können.

4

Eine Kombination aus Buchstaben, Ziffern und Sonderzeichen sind als Passwort gut geeignet; ebenso die kombinierte Verwendung von Groß- und Kleinbuchstaben innerhalb des Wortes. Längere Passwörter sind schwerer zu entschlüsseln als kurze Zeichenfolgen. Passwörter sollten nirgendwo schriftlich festgehalten und nach einiger Zeit geändert werden.

Zu 1. Die Installation eines Virenschutzprogramms soll einen Angriff auf die Daten von außen verhindern, um die Daten vor Zerstörung zu schützen.

Zu 2. Häufiges Zwischenspeichern schützt nicht vor Verlust der Daten oder unberechtigtem Angriff von außen.

Zu 3. Die Erweiterung der Datenbitfolge um eine Kennziffer schützt nicht vor Verlust oder unberechtigtem Angriff von außen.

Zu 5. Plausibilitätsprüfungen stellen nur sicher, dass die Daten sich innerhalb bestimmter Grenzen bewegen.

2.14

Der Einsatz eines Dongles ist eine hardware-technische Maßnahme gegen unberechtigtes Kopieren.

Ein Dongle ist ein Kopierschutzstecker (engl. Hardlock), der auf eine Schnittstelle des Rechners aufgesteckt wird. Bei Benutzung der Software wird automatisch durch die Software kontrolliert, ob der Dongle vorhanden ist, andernfalls funktioniert die Software nicht oder nicht uneingeschränkt.

2

Alle anderen in Aufgabe 2.14 aufgeführten Maßnahmen dienen der Datensicherheit.

Die Sicherheit der gespeicherten Daten gegen Verlust, Zerstörung, Verfälschung oder unberechtigten Zugriff zu gewährleisten, gehört zu den wichtigsten Herausforderungen eines Unternehmens.

Die Sicherheit kann durch vielfältige Einflüsse gefährdet sein, z. B.

- höhere Gewalt (Stromausfall, Brand, Blitzschlag)
- Angriffe von außen (Viren, unbefugter Zugriff)
- Irrtum oder Nachlässigkeit des Bedieners.

Es sind daher wirksame Maßnahmen zur Datensicherung zu ergreifen:

- Sicherungsmaßnahmen durch die Hardware
- Sicherungen durch die Software
- Sicherungen durch die Organisation

Fortsetzung auf der nächsten Seite.

2.14

Fortsetzung

Sicherungsmaßnahmen durch die Hardware

- Verwendung verschließbarer Tastenfelder
- Schreibschutz für magnetische Datenträger
- Einsatz von Notstromaggregaten
- Benutzen von Parallelrechnern
- Verwendung von externen Datenträgern und/oder externen Geräten
- Firewall-Rechnern

Sicherungsmaßnahmen durch die Software

- Der Benutzer muss sich ausweisen (identifizieren) und seine Zugriffsberechtigung nachweisen (z. B. durch ein Passwort).
- Prüfziffernverfahren sorgen für eine korrekte Eingabe von Nummern, wie Artikelnummern, Personalnummern usw.
- Plausibilitätskontrollen stellen sicher, dass die Daten sich innerhalb bestimmter Grenzen bewegen.
- Durch das Programm wird veranlasst, dass die Arbeiten am Bildschirm, insbesondere alle Auskünfte des Rechners mit Angabe des Benutzers, protokolliert werden.
- Installation von Virenschutzprogrammen, Firewall-Software.

Sicherungsmaßnahmen durch die Organisation

- Von allen Originalprogrammen wird eine Kopie (Sicherungskopie) angelegt.
- Verpflichtung zur regelmäßigen Datensicherung
- Zutrittskontrolle (z. B. biometrische Verfahren)
- Login-Konzepte
- Verschlüsselungskonzepte

Warenwirtschaft

3.01

Wird die Warenwirtschaft – der Waren- und Datenfluss – softwaregestützt durchgeführt, spricht man von einem **Warenwirtschaftssystem.**

Im Warenwirtschaftssystem werden Geschäftsprozesse des Betriebes durch die Software unterstützt:

– z. B. alle Phasen des Beschaffungsprozesses, wie die Einholung von Angeboten, die Bestellung, Lagerwirtschaft;

– außerdem die Geschäftsprozesses des Vertriebs, wie z. B. Auftragserfassung, Erstellung einer Rechnung, Lieferschein.

– Schnittstellen zur Finanzbuchhaltung steuern den Zahlungsverkehr.

Die Daten des Warenwirtschaftssystems dienen auch innerbetrieblichen Statistiken:

Ergebnisorientiert	Kundenorientiert	Lieferantenorientiert	Verkaufsorientiert
Bestandsliste	Umsatzliste	Lieferantenliste	Verkäuferstatistik
Artikelhitliste	Auftragseingangsliste	Konditionenvergleich	Vertreterhitliste
Aktionsliste	Auftragsbestandsliste	Lieferantenanalyse	Kasseneinsatzplanung
Verkaufsflächenanalyse	Kundenanalyse		Verkaufspersonalplanung
Artikelanalyse			Auftragsliste

Der Erfolg einer Werbemaßnahme kann mit dem Warenwirtschaftssystem nicht gesteigert werden.

Die Aussage **4.** ist daher **nicht** zutreffend. 4

Gründe für den Einsatz eines **Warenwirtschaftssystems** sind u. a.:

1. Die automatische Erstellung von Belegen, Auswertungslisten, Schaubildern und Bestellvorgängen

2. Arbeitsabläufe in Einkauf, Lagerhaltung und Verkauf werden nur einmal – dort wo sie anfallen – erfasst; sie stehen dann für alle anderen Abteilungen zur Verfügung.

3. Mit der Bereitstellung aktueller artikelgenauer Informationen über alle Warenbewegungen ergibt sich betriebsintern jederzeit ein Überblick über alle relevanten Daten in Echtzeit.

5. Durch vollständige Informationen aus der Vergangenheit und deren Auswertung wird das Planungsrisiko erheblich verringert.

6. Die Daten können zu Kennzahlen verdichtet und anschaulich in Tabellen und Diagrammen aufbereitet werden; die Warenbewegungen können aktuell gesteuert werden.

3.02

Stammdaten:	Bleiben relativ lange konstant (z. B. Mitgliedsnummer, Name des Mitgliedes)		
Rechendaten:	Mit diesen Daten werden Rechenoperationen durchgeführt (z. B. Errechnen der Salden)	a)	4
		b)	1
Bewegungsdaten:	Variable Daten, die zu wert- oder mengenmäßigen Veränderungen führen (z. B. Buchungsdaten)	c)	3
Ordnungsdaten:	Diese Daten können nach bestimmten Kriterien geordnet werden und dienen der Identifizierung (z. B. Name der Mitglieder – alphabetische Ordnung Mitgliedsnummer – numerische Ordnung)	d)	4
		e)	2

3.03

Die computergestützte Lagerplatzverwaltung im Rahmen des Warenwirtschaftssystems gibt Auskunft über die aktuelle Lagerbelegung sowie die Lagerkapazitätsauslastung; aus der Lagerbelegungsdatei sind die freien bzw. belegten Lagerplätze abzulesen. Mithilfe der Lagerdatei können jederzeit aktuelle Informationen (z. B. monatlicher Absatz anhand der Abgänge) abgerufen werden. Darüber hinaus wird der vom IT-System erstellte Lieferschein für den Kommissionierungsvorgang eingesetzt. Der Rechner führt die Artikel auf dem Lieferschein in der Reihenfolge des Kommissionsvorgangs (Pickliste) auf.

Eine computergestützte Lagerverwaltung gibt Auskunft über die Informationen **1., 3., 4., 6.** und **7**.

1	3	4	6	7

Qualitätsmängel (2.) können z. Zt. nur durch physische Kontrollen festgestellt werden.

Die Umsatzstatistik (5.) enthält ausschließlich Werteinheiten (Mengeneinheit x Preis).

Ausgangsrechnungen (8.) werden nicht im Funktionsbereich Lagerwesen erstellt. Die entsprechenden Daten zur Rechnungserstellung in der Buchhaltung können einem vernetzten System aus der computergestützten Lagerverwaltung entnommen werden.

3.04

Im Großhandel ist es üblich, in der Nähe der Hauptabsatzgebiete **Auslieferungslager** einzurichten. 2

Zu 1. Roh-, Hilfs- und Betriebsstofflager sind Materiallager, die für die industrielle Produktion eingerichtet werden.

Zu 3. Die Präsentation der Ware im Ladengeschäft erfordert ein **Verkaufslager**. Dies ist ein Kennzeichen des Einzelhandels.

Zu 4. Zwischenlager gibt es nur in der Industrie zum Ausgleich unterschiedlicher Produktionsmengen in den einzelnen Fertigungsstufen.

Zu 5. Büromateriallager gibt es in allen Wirtschaftszweigen.

Lagerarten im Großhandelsbetrieb:

Fertigproduktlager	Bereithaltung von Waren für den Einzelhandel
Auslieferungslager	Es wird als dezentrales Lager in räumlicher Nähe zu den Hauptabsatzgebieten eingerichtet.
Fremdlager	Die Ware wird in einem anderen Unternehmen (Lagerhalter) eingelagert.

3.05

Der **Lagerplan** zeigt die gegebene **Lageraufteilung** an („Landkarte für das Lagerpersonal"). Er ermöglicht dem Lagerpersonal, das Lagergut schnell und zielsicher aufzufinden.

2

Zu 1. Die **Lagerkapazität** hängt von der Lagergröße ab.

Zu 3. Der **Meldebestand** ist auf der Lagerkarte bzw. Lagerdatei eingetragen.

Zu 4. Der Lagerplan gibt **keine Auskunft** über die **gelagerte Menge**.

Zu 5. Zu- und Abgänge werden auf den **Lagerkarten** oder in einer **Datei** festgehalten.

3.06

Man kann die **Handlungskompetenz** als Ergebnis der Fachkompetenz des Arbeitnehmers, seiner Sozialkompetenz und seiner Persönlichkeitskompetenz (auch Selbstkompetenz genannt) bezeichnen.

Unter **Fach- oder Sachkompetenz** versteht man das Fachwissen einer Person sowie die Fähigkeit, dieses Wissen bei fachbezogenen Aufgaben oder Problemen einsetzen zu können. Dazu zählen vor allem die Fähigkeiten

- Zusammenhänge zu erkennen

- Fachwissen anzuwenden

- Normen und Vorschriften zu kennen und anzuwenden.

Die **Sozialkompetenz** meint alle Fertigkeiten und Fähigkeiten, die zum Erreichen eines gemeinsamen Ziels benötigt werden. Sie äußert sich in der Fähigkeit, konkrete Arbeitsbeziehungen zu knüpfen und tragfähige Kontakte herzustellen, um gemeinsame Pläne und Ziele zu erreichen. Zur Sozialkompetenz zählen u. a.

- in Teams arbeiten zu können

- Wünsche und Erwartungen von Kunden und von Mitarbeitern wahrnehmen zu können

- Informationen bewerten zu können und Kompromissbereitschaft zu zeigen und

- respektvollen Umgang mit anderen Menschen und Gruppen zu pflegen.

Wer sozial kompetent ist, besitzt Menschenkenntnis!

Unter **Persönlichkeits- oder Selbstkompetenz** versteht man alle Fähigkeiten und Fertigkeiten, das eigene Verhalten zielgerichtet auf die Aufgabenerfüllung hin zu steuern. Hierzu zählen neben dem Selbstbewusstsein auch die Selbstmotivation und die Selbstkritik.

Persönlichkeits- und Sozialkompetenz müssen im Zusammenhang gesehen werden, denn der Umgang mit der eigenen Person hängt immer mit dem Umgang mit anderen Personen zusammen. Sozial kompetent ist, wer konstruktiv mit sich und anderen umgehen kann.

Zur Fachkompetenz (**1.**) gehören

- die sachgerechte Lagerung des Lagergutes (a)
- das Überprüfen der Bestände (c)

Zur Sozialkompetenz (**2.**) gehören

- das Pflegen des Betriebsklimas (d)
- das Melden einer Differenz zwischen Buch und Istbestand (f)

Zur Persönlichkeitskompetenz (**3.**) gehören

- das Kontrollieren des Einhaltens von Sicherheitsvorschriften (b)
- das Achten auf Sauberkeit im Lager (e)

a)	1
b)	3
c)	1
d)	2
e)	3
f)	2

3.07

Die Lagerbuchhaltung

- erfasst alle mengen- und wertmäßigen Lagerbewegungen (Aufzeichnung der Zu- und Abgänge)

- enthält die Mindest- und Meldebestände der einzelnen Waren

- zeigt den Sollbestand der einzelnen Waren, die regelmäßig mit den Istbeständen der Inventur verglichen werden.

Die Aufzeichnungen erfolgen entweder auf Lagerfachkarten oder in der Lagerdatei.

Die Aussagen **1.** bis **3.** und **5.** betreffen **nicht** die Lagerbuchhaltung.

| 4 |

3.08

In der Lagerbuchhaltung werden die Lagerbewegungen (Zu-/Abgänge) erfasst, sodass laufend (permanent) der Sollbestand ersichtlich ist. Diese Bewegungen werden nach der **Warenart, der Ab- oder Zugangsmenge** und nach **Datum** auf der Lagerkarte bzw. in der Lagerdatei im Rahmen des Warenwirtschaftssystems festgehalten. Durch das genaue Erfassen der verbrauchten Materialien ist die Lagerbuchhaltung zur exakten Kostenfeststellung für Betriebsabrechnung und Kalkulation unentbehrlich.

Zu 2. bis 5.: Preise spielen bei der Ermittlung der Sollbestände keine Rolle.

| 1 |

3.09

Hier liegt ein Fehler in der Lagerbuchführung vor.

Da der Zugang bei Artikel 0317 nicht eingetragen wurde, wird der **Meldebestand** (Durchschnittsverbrauch x Lieferzeit + Mindestbestand) **früher erreicht als tatsächlich erforderlich.**

| 6 |

Zu 1. Die Umschlaghäufigkeit ($\frac{\text{Wareneinsatz}}{\text{durchschnittlicher Lagerbestand}}$)

wird mit bewerteten Angaben ermittelt, nicht mit Mengenangaben.

Zu 2. Der Mindestbestand („Eiserner Bestand") wird von betrieblichen Erfordernissen bestimmt, nicht von einer Falscheintragung.

Zu 3. und 4. Die Sollbestände der beiden Artikel können nicht zueinander in Beziehung gesetzt werden.

Zu 5. Der Meldebestand bei Artikel 0318 wird durch die falsche Zugangseintragung zu spät erreicht.

3.10

Das **Standardsortiment** (z. B. Textilien) umfasst alle Artikel, die in der Verkaufsbranche vom Käufer erwartet und permanent abgesetzt werden.

Das **Randsortiment** (z. B. Modeschmuck) dient der Ergänzung des Standardsortiments.

Das Standardsortiment hat eine hohe Umschlaghäufigkeit; es muss daher schnell erreichbar sein. Das Randsortiment kann entfernter gelagert werden. Die Sortimentsart bestimmt also den Lagerplatz **bei der Ordnung nach der Umschlaghäufigkeit der Waren.**

4

Zu 1. Hier ist das **Verfallsdatum**, z. B. bei Lebensmitteln, das Kriterium für den Lagerplatz.

Zu 2. Das Sortiment ist das Gesamtangebot eines Handelsunternehmens; es besteht aus verschiedenen Warengruppen. Das Sortiment eines Lebensmittel-Filialunternehmens umfasst z. B. die Warengruppen Obst und Gemüse, Fleisch und Wurst, Milchprodukte; die Zugehörigkeit zu einer Warengruppe hat keinen Einfluss auf die Umschlaghäufigkeit.

Zu 3. Unter **dezentraler Lagerung** versteht man die Einrichtung kundennaher Teillager.

Zu 5. Die **zentrale Lagerung** fasst das gesamte Lagergut an einem Lagerort zusammen.

    Vorteil: kostengünstig,

    Nachteil: längere Transportwege zu Kunden

3.11

Folgender Ablauf wäre sinnvoll:

1. Schritt
Der Mitarbeiter des Lagers meldet einen Warenbedarf beim Einkauf an. (g)

2. Schritt
Der Mitarbeiter des Einkaufs sichtet mögliche Bezugsquellen aus der Liefer- bzw. Warendatei. (i)

3. Schritt
Der Mitarbeiter des Einkaufs holt durch Anfragen Angebote von Lieferern ein. (d)

4. Schritt
Der Mitarbeiter des Einkaufs vergleicht die eingegangenen Angebote der Lieferer. (b)

5. Schritt
Der Mitarbeiter des Einkaufs entscheidet sich für einen Lieferer und gibt eine entsprechende Bestellung auf. (e)

6. Schritt
Der Mitarbeiter des Einkaufs überwacht den vereinbarten Liefertermin. (c)

7. Schritt
Der Mitarbeiter des Lagers überprüft und bestätigt den Eingang ordnungsgemäß gelieferter Ware. (h)

8. Schritt
Der Mitarbeiter des Lagers sortiert die Ware ein und bucht sie in der Lagerdatei. (a)

9. Schritt
Der Mitarbeiter des Einkaufs überprüft die Richtigkeit der Rechnung. (f)

a)	8
b)	4
c)	6
d)	3
e)	5
f)	9
g)	1
h)	7
i)	2

Fortsetzung auf der nächsten Seite.

3.11

Fortsetzung

Hinweis:

Schritte 8 und 9 können durchaus parallel erfolgen; in der Regel wird die Rechnung jedoch erst nach dem Wareneingang in der Abteilung Einkauf eintreffen.

Durch dieses Reihenfolge-Schema könnte der Eindruck entstehen, die Tätigkeit des Einkaufs bestehe im Wesentlichen aus schematischem Vergleich von Preisen. In Wirklichkeit ist das Einkaufen im Unternehmen genauso wichtig wie das Verkaufen. Dabei ist zu teures Einkaufen ebenso schädlich für das Unternehmen wie zu „billiges" Einkaufen von (häufig) schlechter Ware. Eine falsch eingekaufte Schraube kann den Erfolg einer ganzen Anlage in Frage stellen. Von einem guten Einkäufer muss man erwarten können:

- spezialisierte Warenkenntnisse

- richtiges Einordnen der Funktion Einkauf in die Gesamtfunktion des betrieblichen Ablaufs

- zielgerichtetes Auffinden des günstigsten Angebotes (das muss nicht in jedem Fall das preisgünstigste sein)

- Aushandeln von Konditionen

- Berechnen der optimalen Bestellmenge (Kombination der Bestellmenge mit den Lagerkosten)

- Standfestigkeit und Verbindlichkeit im Umgang mit Lieferanten

---

3.12

Der Lieferschein enthält als Begleitpapier der Warenlieferung folgende Angaben:

- Anschriften (Absender/Empfänger)

- Angaben über die gelieferten Waren (Artikel- bzw. Bestellnummer, Artikelbezeichnung, Menge)

- Versand- und Verpackungsart

- Lieferdatum

- Empfangsbestätigung

3

6

8

Der Einzelpreis, der Gesamtbetrag, die Umsatzsteuer und der Rabatt sind aus der Rechnung zu ersehen.

3.13

`1`
`4`
`5`

Zur **Bestandsrechnung** zählen alle Veränderungen in den Vermögensbeständen (Aktivkonten) und in den Kapitalbeständen (Passivkonten).

Beim Vermögen unterscheidet man:

– Anlagevermögen (Sachanlagen, langfristige Finanzanlagen)
– Umlaufvermögen (Material, unfertige und fertige Erzeugnisse, Außenstände, Geldvermögen)

Beim Kapital unterscheidet man:

– Eigenkapital
– Fremdkapital (Darlehen, kurzfristige Verbindlichkeiten)

Zur **Ergebnisrechnung** gehören alle Aufwendungen und Erträge:

Aufwendungen < Erträge : Ergebnis = Gewinn

Aufwendungen > Erträge : Ergebnis = Verlust

3.14

Auf **Bestandskonten** werden die Vermögensbestände (Aktivkonten) und die Kapitalbestände (Passivkonten) erfasst. **Ergebniskonten** enthalten Aufwendungen und Erträge.

Soll	**Aktivkonto**	Haben
Anfangsbestand		Abgänge
Zugänge		Schlussbestand

Soll	**Passivkonto**	Haben
Abgänge		Anfangsbestand
Schlussbestand		Zugänge

Soll	**Ergebniskonto**	Haben
Aufwand		Ertrag

Die Aussagen **2.**, **3.**, **7.**, **8.** und **9.** sind richtig.

`2` `3` `7` `8` `9`

Die Aussagen **1.**, **4.**, **5.**, **6.** und **10.** sind falsch.

Zu 1. Die Aussage ist **falsch**, weil der Schlussbestand **nicht** im Soll gebucht wird.

Zu 4. Diese Aussage ist **falsch**; die Seiten wurden vertauscht.

Zu 6. Diese Antwort ist **falsch**; Ergebniskonten werden über das G + V-Konto abgeschlossen.

Zu 10. Diese Aussage ist **falsch**; der Gewinn erscheint als Saldo auf der Sollseite.

3.15

a) Der Buchungssatz bei der Rücksendung an Lieferanten lautet:

Verbindlichkeiten aus Lieferungen und Leistungen	880,60 EUR
an	
Wareneingang	740,00 EUR
Vorsteuer	140,60 EUR

Soll	Haben
3 2	5

Rücksendungen können zunächst direkt über das Konto „Rücksendungen an Lieferanten" gebucht werden; es wird dann aber über das Konto „Wareneingang" abgeschlossen. Das Konto Vorsteuer wird um den anteiligen Mehrwertsteuerbetrag berichtigt; dadurch vermindert sich der Vorsteuerabzug.

b) Die Privatentnahme von Waren ist umsatzsteuerpflichtig.

Daher lautet der Buchungssatz:

Privatentnahmen	35,70 EUR
an	
Eigenverbrauch von Waren	30,00 EUR
Umsatzsteuer	5,70 EUR

Soll	Haben
3 4	6

3.16

Zahlungseingang einer Ausgangsrechnung durch Überweisung

Der Vermögensposten „Bank" nimmt um denselben Betrag zu, um den der Vermögensposten „Forderungen aus Lieferungen und Leistungen" abnimmt. Da ausschließlich Aktivkonten berührt werden, ergibt sich **keine Änderung der Vermögenssumme**.

2

Der Buchungssatz lautet: Bank an Forderungen aus Lieferungen und Leistungen

Zu 1. Zahlung einer Eingangsrechnung durch Überweisung

Der Vermögensposten „Bank" und der Kapitalposten „Verbindlichkeiten aus Lieferungen und Leistungen" nehmen ab: **Verringerung der Vermögenssumme und der Kapitalsumme**.

Der Buchungssatz lautet: Verbindlichkeiten aus Lieferungen und Leistungen an Bank

Zu 3. Kauf eines Computersystems auf Ziel

Der Vermögensposten „Geschäftsausstattung" und der Kapitalposten „Verbindlichkeiten aus Lieferungen und Leistungen" nehmen zu: **Vergrößerung der Vermögenssumme und der Kapitalsumme**.

Der Buchungssatz lautet: Geschäftsausstattung an Verbindlichkeiten aus Lieferungen und Leistungen

3.17

Soll	Aktivkonto	Haben
Anfangsbestand		Abgang
Zugang		Schlussbestand

Soll	Passivkonto	Haben
Abgang		Anfangsbestand
Schlussbestand		Zugang

Die Buchungssätze **1.**, **2.**, **4.** und **8.** sind **falsch**.

1 2 4 8

Zu 1. Dieser Buchungssatz ist **falsch**. Es handelt sich hier um einen Warenverkauf auf Ziel. Die Umsatzsteuer muss auf der Habenseite gebucht werden.

Richtiger Buchungssatz:
Forderungen aus Lieferungen und Leistungen an Warenverkauf und Umsatzsteuer

Zu 2. Dieser Buchungssatz ist **falsch**. Es handelt sich hier um einen Wareneinkauf auf Ziel. Es entstehen Verbindlichkeiten aus Lieferungen und Leistungen.

Richtiger Buchungssatz:
Wareneingang und Vorsteuer an Verbindlichkeiten aus Lieferungen und Leistungen

Zu 4. Dieser Buchungssatz ist **falsch**:

Barzahlung für Warentransport zu einem Kunden.
Die Umsatzsteuer muss als Vorsteuer gebucht werden.

Richtiger Buchungssatz:
Ausgangsfrachten und Vorsteuer an Kasse

Zu 8. Dieser Buchungssatz ist **falsch**:

s. zu **3.**: Richtiger Buchungssatz:
Kreditinstitute an Forderungen aus Lieferungen und Leistungen

Die Buchungssätze **3.**, **5.**, **6.** und **7.** sind richtig:

Zu 3. Gutschrift der Bank für Überweisung eines Kunden.

Zu 5. Barzahlung für Transportkosten

Zu 6. Warenkauf auf Ziel

Zu 7. Warenverkauf auf Ziel

3.18

Die Umsatzsteuer wird beim Einkauf auf dem Aktivkonto „Vorsteuer" als Zugang (Soll) gebucht. Beim Verkauf wird die Umsatzsteuer auf dem Passivkonto „Umsatzsteuer" als Zugang (Haben) gebucht.

Zur Ermittlung der Zahllast ist die Vorsteuer auf die Umsatzsteuer umzubuchen:
Umsatzsteuer an Vorsteuer (Regelfall).

Der Saldo auf dem Konto „Umsatzsteuer" weist dann die Zahllast aus, die aufgrund der monatlichen Umsatzsteuer-Voranmeldung bis zum 10. eines Monats für den Vormonat an das Finanzamt abzuführen ist (Regelfall).

Soll		Vorsteuer	Haben	
a)	76,00	Saldo	159,63	
b)	83,63			
	159,63		159,63	

Soll		Umsatzsteuer	Haben	
Umbuchung	159,63	c)	494,00	
Zahllast	**334,37**			
	494,00		494,00	

Drucker:
19 % Umsatzsteuer (Vorsteuer) von 400,00 EUR Anschaffungskosten = 76,00 EUR

Stromrechnung:
19 % Umsatzsteuer (Vorsteuer) vom Rechnungsbetrag
(Verbrauchswert incl. Umsatzsteuer = 119 %)
119 % ≙ 523,80 EUR
 19 % ≙ 83,63 EUR

Warenverkauf:
19 % Umsatzsteuer vom Nettowarenwert
19 % von 2.600,00 EUR = 494,00 EUR

Ermittlung der **Zahllast**:

1. Saldieren des Kontos „Vorsteuer"
   Der Abschluss erfolgt über das Konto „Umsatzsteuer".

   Buchungssatz: Umsatzsteuer an Vorsteuer (159,63 EUR)

2. Saldieren des Kontos „Umsatzsteuer"
   Saldo = Zahllast

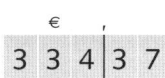

3.19

Reihenfolge der Arbeitsschritte

1. Zunächst wird die Eröffnungsbilanz in Konten aufgelöst. (c)

2. Dann werden die laufenden Geschäftsfälle gebucht. (b)

3. Danach folgen die vorbereitenden Abschlussbuchungen. (e)

Anschließend wird mit den Abschlussbuchungen begonnen:

4. Abschließen der Ergebniskonten über das G + V-Konto (h)

5. Ermitteln des Ergebnisses auf dem G + V-Konto (a)

6. Übertrag auf das Eigenkapitalkonto (g)

7. Abschließen der Bestandskonten (f)

8. Ermitteln der Summe von Aktiva und Passiva in der Schlussbilanz (d)

a) 5
b) 2
c) 1
d) 8
e) 3
f) 7
g) 6
h) 4

3.20

Der **Mindestbestand** muss immer zur Verfügung stehen. Er darf nur auf Anweisung der Geschäftsleitung angegriffen werden.

Der **Istbestand** wird durch die gesetzlich vorgeschriebene körperliche Inventur ermittelt.

Beim Erreichen des **Meldebestandes** muss die Lagerverwaltung den Einkauf informieren. In der Regel wird der Meldebestand aus dem Produkt aus durchschnittlichem Tagesverbrauch und Lieferzeit ermittelt, vermehrt um den festgesetzten Mindestbestand.

Der **Sollbestand** ist der laut Datenträger im Lager befindliche Buchbestand.

Der **durchschnittliche Bestand** wird auf Grund von Jahres-, Halbjahres-, Quartals- oder Monatszahlen ermittelt.

Formel: $\dfrac{\text{Anfangsbestand} + x\ \text{Schlussbestände}}{x + 1}$

Der **Höchstbestand** liegt unmittelbar nach Einlagerung einer neuen Lieferung vor.

a) 2
b) 4
c) 1
d) 3

3.21

Die durchschnittliche Lagerdauer wird mit der Formel

$$\frac{360 \text{ (Tage)}}{\text{Umschlaghäufigkeit}}$$

berechnet, da man wissen will, wie lange ein Lagergut im Durchschnitt gelagert ist.

Die Umschlaghäufigkeit gibt an, wie oft der durchschnittliche Lagerbestand in einem Jahr umgesetzt wurde und wird wie folgt berechnet:

$$\frac{\text{Jahresabsatz}}{\text{durchschnittlicher Lagerbestand}}$$

Berechnung:

1. Schritt: Umschlaghäufigkeit $= \dfrac{7\,200}{400} = 18$

2. Schritt: durchschnittliche Lagerdauer $= \dfrac{360}{18} = \underline{\underline{20 \text{ Tage}}}$

Tage

2	0

Die durchschnittliche Lagerdauer des Artikels liegt bei 20 Tagen.

3.22

a) $\dfrac{\text{Anfangsbestand} + 6 \text{ Monatsendbestände}}{7} = \dfrac{2.800 + 9.700}{7} = \underline{\underline{1.785,71 \text{ EUR}}}$

€

1	7	8	5	7	1

b) $\dfrac{\text{Wareneinsatz}}{\varnothing \text{ Lagerbestand}}$

Wareneinsatz = Summe der Abgänge = 31.600 EUR

$\dfrac{31.600}{1.785,71} = \underline{\underline{17,7}}$

Umschlag-
häufigkeit

1	7	7

Bei einer höheren branchenüblichen Umschlaghäufigkeit empfehlen sich geeignete Maßnahmen zur Senkung des durchschnittlichen Lagerbestandes.

c) $\varnothing \text{ Lagerdauer} = \dfrac{360}{\text{Lagerumschlaghäufigkeit}} = \dfrac{360}{17,7} = \underline{\underline{20 \text{ Tage}}}$

Tage

2	0

d) $\dfrac{\text{Marktzinssatz} \cdot \varnothing \text{ Lagerdauer}}{360} = \dfrac{8 \cdot 20}{360} = 0,444\ \% \approx \underline{\underline{0,4\ \%}}$

%

0	4

3.23

Mit der **Beschaffungsplanung** wird der Bedarf der Unternehmung ermittelt. Die Planung der Beschaffung umfasst

- die Mengenplanung

- die Zeitplanung

- die Preisplanung

a) **Bezugspreis:**
   Verkaufspreis minus Rohgewinn
   Beim Vergleich von Angeboten wird der Bezugspreis (Einkaufspreis + Bezugskosten) zugrunde gelegt. Die Differenz zwischen dem Bezugspreis (Einstandspreis) und dem Verkaufspreis wird als Rohgewinn bezeichnet.

   `4`

b) **Meldebestand:**
   (Tagesabsatz · Beschaffungsdauer) + Mindestbestand
   Bei Erreichen des Meldebestandes gibt der Lagerverwalter eine Bedarfsmeldung an die Einkaufsabteilung. Der Meldebestand ist abhängig vom durchschnittlichen Tagesabsatz und der Beschaffungsdauer; hinzugerechnet werden muss ein Mindestbestand, der immer im Lager vorhanden sein muss.

   `6`

c) **Optimale Bestellmenge:** günstigste Bestellmenge
   Sie ist dann gegeben, wenn

   - die Preisvorteile durch größeren Einkauf, z. B. in Form von Mengenrabatt, günstigeren Liefer- und Zahlungsbedingungen, durch

   - die Kostennachteile der erhöhten Lagerhaltung, z. B. Miete, Zins für das in Waren investierte Kapital

   gerade ausgeglichen werden.

   `5`

Zu 1. Diese Formel ist falsch, weil die Beschaffungsdauer addiert statt multipliziert und umgekehrt der Mindestbestand multipliziert statt addiert wurde.

Zu 2. Diese Formel ist falsch, weil die Division des Verkaufspreises durch den Rohgewinn keine sinnvolle Größe ergibt.

Zu 3. Der Kalkulationsfaktor multipliziert den Einstandspreis, um den Verkaufspreis zu erhalten. Diese Formel ist falsch, weil der Einstandspreis durch den Faktor dividiert wird.

4.01

1. Angebot:

5 000 Stück à 4,50 EUR	=	22.500,00 EUR
abzüglich 5 % Rabatt	./.	1.125,00 EUR
		21.375,00 EUR
zuzüglich Verpackungskosten	+	162,50 EUR
		21.537,50 EUR

2. Angebot:

5 000 Stück à 4,10 EUR	=	20.500,00 EUR
zuzüglich Versandkosten	+	180,00 EUR
		20.680,00 EUR

Der Gesamt-Einkaufspreis des günstigsten Angebots beträgt 20.680,00 Euro.

€					'		
2	0	6	8	0	0	0

4.02

Gewichtsspesen (Fracht und Rollgeld) = 245,60 EUR

Gruppe I: 450 kg

Gruppe II: 725 kg

Gruppe III: 360 kg

Insgesamt: 1 535 kg

Für 1 535 kg sind 245,60 EUR Gewichtsspesen zu zahlen.

$$\text{für}\quad 1\ kg\ =\frac{245{,}60\ EUR}{1\ 535\ kg}$$

$$\text{für}\quad 725\ kg\ =\frac{245{,}60\cdot 725}{1\ 535}=\underline{\underline{116{,}00\ EUR}}$$

Die Gewichtsspesen für die Gruppe II betragen 116,00 EUR.

€			'		
1	1	6	0	0

4.03

a) Wertspesen (Transportversicherung) für die gesamte Sendung = 114,30 EUR

Gruppe I	450 kg	à 12,70 EUR	=	5.715,00 EUR
Gruppe II	725 kg	à 9,30 EUR	=	6.742,50 EUR
Gruppe III	360 kg	à 24,80 EUR	=	8.928,00 EUR
Summe				21.385,50 EUR

Für den Betrag von 21.385,50 EUR sind 114,30 EUR Wertspesen zu zahlen.

$$\text{für 1 EUR} = \frac{114,30}{21.385,50}$$

$$\text{für 8.928,00 EUR} = \frac{114,30 \cdot 8.928}{21.385,50} = 47,7178 \approx \underline{\underline{47,72 \text{ EUR}}}$$

€			,	
	4	7	7	2

Die Wertspesen für die Gruppe III betragen 47,72 Euro.

b) Zuerst müssen die Gewichtsspesen für die Gruppe I ermittelt werden:

$$\text{für 450 kg} = \frac{245,60 \cdot 450}{1.535} = 72,00 \text{ EUR}$$

Berechnung der Wertspesen für Gruppe I:

$$\text{für 5 715,00 EUR} = \frac{114,30 \cdot 5.715,00}{21.385,50} = 30,5452 \approx 30,55 \text{ EUR}$$

Gesamtspesen:

	Gewichtsspesen	72,00 EUR
+	Wertspesen	30,55 EUR
		102,55 EUR

€			,	
1	0	2	5	5

Die Gesamtspesen für die Gruppe I betragen 102,55 Euro.

4.04

1. Lösungsweg: Dreisatz

$$3\ \% \triangleq 117\ \text{EUR}$$

$$\underline{100\ \% \triangleq\ ?\ \text{EUR}}$$

$$1\ \% \triangleq \frac{117}{3}$$

$$100\ \% \triangleq \frac{117 \cdot 100}{3} \triangleq \underline{\underline{3.900,00\ \text{EUR}}}$$

2. Lösungsweg:

Gesucht: Grundwert (g)

Anwendung der Formel: $w = \frac{g \cdot p}{100}$, aufgelöst nach g

Gegeben: Prozentsatz (p)
                    Prozentwert (w)

$$w = \frac{g \cdot p}{100}$$

$$100 \cdot w = g \cdot p$$

$$g = \frac{100 \cdot w}{p}$$

$$g = \frac{100 \cdot 117}{3}$$

$$g = \underline{\underline{3.900,00\ \text{EUR}}}$$

Der Rechnungsbetrag beläuft sich auf 3.900 Euro.

€				'	
3	9	0	0	0	0

4.05

1. Schritt

Buchwert nach dem zweiten Jahr $\triangleq$ 147.200 EUR ($\triangleq$ 80 Prozent)

Buchwert nach dem ersten Jahr $\triangleq$ x   EUR ($\triangleq$ 100 Prozent)

$$80\ \% \triangleq 147.200\ \text{EUR}$$
$$100\ \% \triangleq\ x\ \text{EUR}$$

$$x = \frac{147.200 \cdot 100}{80} = 184.000\ \text{EUR}$$

2. Schritt

Buchwert nach dem ersten Jahr $\triangleq$ 184.000 EUR ($\triangleq$ 80 Prozent)

Anschaffungskosten $\triangleq$ x   EUR ($\triangleq$ 100 Prozent)

$$80\ \% \triangleq 184.000\ \text{EUR}$$
$$100\ \% \triangleq\ x\ \text{EUR}$$

$$x \triangleq \frac{184.000 \cdot 100}{80} = \underline{\underline{230.000,00\ \text{EUR}}}$$

Die Anschaffungskosten betragen 230.000,00 Euro.

T€			'	
2	3	0	0	0

4.06

Wenn ein Importeur in Deutschland Rechnungen aus dem Ausland bekommt, dann können diese Rechnungen z. B. durch Auslandsüberweisungen bargeldlos beglichen werden. Bei Überweisungen wird das Geld zwischen den einzelnen Banken per Computer verrechnet, das nennt man **„Buchgeld"**. Im Auslandszahlungsverkehr bezeichnet man das Buchgeld in fremden Währungseinheiten als „Devisen".

0,8530 £ $\triangleq$ 1 EUR
340,00 £ $\triangleq$ x

$$x = \frac{340,0000}{0,8530}$$

$$= 398,5932 \text{ EUR}$$
$$\approx 398,59 \quad \text{EUR}$$

398,59 EUR $\triangleq$ 97,5 %		
10,22 EUR $\triangleq$ 2,5 %		
408,81 EUR $\triangleq$ 100 % bzw.		90 %
45,42 EUR $\triangleq$		10 %
454,23 EUR $\triangleq$		100 %

Der ursprüngliche Forderungsbetrag betrug 454,23 Euro.

€			,		
4	5	4	2	3	

4.07

Umrechnen der 1.500 sfr in Euro:

1.500 : 1,5273 = 982,125 ≈ 982,13 EUR

Umrechnen der 4.500 US-$ in Euro:

4.500 : 1,2637 = 3.560,971 ≈ 3.560,97 €

	982,13 €
	+ 3.560,97 €
	4.543,10 €
+ 3 % Gebühren	136,29 €
	4.679,39 €

Die Bank belastet unser Konto mit 4.679,39 Euro.

€			,		
4	6	7	9	3	9

4.08

Bei den Devisenkursen unterscheidet man zwischen **Geld- und Briefkursen**. Die Bank kauft und verkauft Euro. Da die Fremdwährung durch den Umrechnungskurs dividiert wird, rechnet die Bank beim Verkauf mit dem (niedrigeren) Geldkurs und bei Kauf mit dem (höheren) Briefkurs.

Im Geschäftsfall der Aufgabe 4.08 verkauft die Bank der Globatex AG Euro, also muss hier der **Geldkurs** verwendet werden.

$$1{,}5253 \text{ sfr} = 1 \text{ EUR}$$
$$26.580{,}0000 \text{ sfr} = x \text{ EUR}$$

$$\frac{26.580{,}0000}{1{,}5253} = 17.426{,}0801 \approx \underline{\underline{17.426{,}08 \text{ EUR}}}$$

€					,		
1	7	4	2	6	0	8

Das Konto der Globatex AG wird mit 17.426,08 Euro belastet.

4.09

Bei Aufgaben, in denen mehrere Umrechnungen vorzunehmen sind, bei denen ein Zwischenergebnis wieder Ausgangsgröße für eine weitere Umrechnung ist, lassen sich die Ansätze zu einem **Kettensatz** zusammenfassen.

Beim Kettensatz handelt es sich um die Zusammenfassung mehrerer aufeinander folgender Dreisätze mit geradem Verhältnis zu einem Ansatz. Dabei beginnt der Ansatz mit der gesuchten Größe; im Gegensatz zum Dreisatz steht das Frageglied also vorn. Jede folgende Gleichung beginnt mit der gleichen Bezeichnung, mit der die vorhergehende endet. Die Kette schließt mit der gleichen Bezeichnung, nach der in der ersten Gleichung gefragt wurde. Bei diesem Ansatz ist das Produkt der rechten Seite gleich dem Produkt der linken Seite.

Daraus ergibt sich der Rechensatz:

$$x = \frac{\text{Produkt der rechten Seite}}{\text{Produkt der linken Seite}}$$

$$x \text{ EUR} \triangleq 0{,}5 \text{ kg}$$
$$0{,}350 \text{ kg} \triangleq 73{,}25 \text{ amerik. ct}$$
$$100 \text{ amerik. ct} \triangleq 1 \text{ USD}$$
$$1{,}2710 \text{ USD} \triangleq 1 \text{ EUR}$$

$$x = \frac{0{,}5 \cdot 73{,}25}{0{,}350 \cdot 100 \cdot 1{,}2710} = \frac{36{,}625}{44{,}485} = 0{,}8233 \approx 0{,}82 \text{ EUR}$$

€	,	
0	8	2

Für ½ kg Kaffee müssen 0,82 Euro bezahlt werden.

4.10

Auch hier wird der Kettensatz angewandt:

$$
\begin{array}{rclr}
x & \text{EUR} & \triangleq & 75 \text{ g} \\
1\,000 & \text{g} & \triangleq & 1 \text{ kg} \\
12,5 & \text{kg} & \triangleq & 725 \text{ sfr} \\
1,5325 & \text{sfr} & \triangleq & 1 \text{ EUR}
\end{array}
$$

$$
x = \frac{75 \cdot 725}{1\,000 \cdot 12,5 \cdot 1,5325} = \frac{54.375}{19.156,25} = 2,8384 \approx \underline{\underline{2,84 \text{ EUR}}}
$$

€	,	
2	8	4

In Deutschland kosten 75 g der Ware 2,84 Euro.

4.11

Wenn die Firma Globatex AG Rechnungen aus dem Ausland bekommt, dann können diese Rechnungen z. B. durch Auslandsüberweisungen bargeldlos beglichen werden. Bei Überweisungen wird das Geld zwischen den einzelnen Banken per Computer verrechnet, das nennt man **„Buchgeld"**. Im Auslandszahlungsverkehr bezeichnet man das Buchgeld in fremden Währungseinheiten als **„Devisen"** (Bargeld in fremden Währungseinheiten heißt dagegen „Sorten").

Im Geschäftsfall der Aufgabe 4.11 verkauft die Bank der Globatex AG Euro, also muss hier der **Geldkurs** verwendet werden.

Umrechnung der angegebenen Währungsbeträge in Euro:

> **Bei der Umrechnung von einer nationalen Währungseinheit in Euro ist der Währungsbetrag durch den Umrechnungskurs zu dividieren.**

a) Dänemark: dkr 7.200,00

Der Kurs lautet 7,4286 dkr für 1 Euro

$$
\begin{array}{rcl}
7,4286 \text{ dkr} & = & 1 \text{ EUR} \\
7.200,0000 \text{ dkr} & = & x \text{ EUR}
\end{array}
$$

$$
\frac{7.200,0000}{7,4286} = 969,2270 \text{ EUR} \approx \underline{\underline{969,23 \text{ EUR}}}
$$

€			,	
9	6	9	2	3

Fortsetzung auf der nächsten Seite.

4.11

Fortsetzung

b) Tschechische Republik: CZK (Tschechische Kronen) 32.200,00

Der Kurs lautet 24,6150 Tschechische Kronen für 1 Euro

$$24,6150 \text{ Kronen} = 1 \text{ EUR}$$
$$34.600,0000 \text{ Kronen} = x \text{ EUR}$$

$$\frac{34.600,0000}{24,6150} = 1.405,6469 \text{ EUR} \approx \underline{\underline{1.405,65 \text{ EUR}}}$$

€				,		
1	4	0	5	6	5

c) Norwegen: nkr 384,00

Der Kurs lautet 8,9560 nkr für 1 Euro

$$8,9560 \text{ nkr} = 1 \text{ EUR}$$
$$384,0000 \text{ nkr} = x \text{ EUR}$$

$$\frac{384,0000}{8,9560} = 42,8762 \text{ EUR} \approx \underline{\underline{42,88 \text{ EUR}}}$$

€	,		
4	2	8	8

d) Schweiz: sfr 12.430,00

Der Kurs lautet 1,5253 sfr für 1 Euro

$$1,5253 \text{ sfr} = 1 \text{ EUR}$$
$$12.430,0000 \text{ sfr} = x \text{ EUR}$$

$$\frac{12.430,0000}{1,5253} = 8.149,2165 \text{ EUR} \approx \underline{\underline{8.149,22 \text{ EUR}}}$$

€			,		
8	1	4	9	2	2

e) USA: USD 4.321,00

Der Kurs lautet USD 1,2607 für 1 Euro

$$1,2607 \text{ USD} = 1 \text{ EUR}$$
$$4.321,0000 \text{ USD} = x \text{ EUR}$$

$$\frac{4.321,0000}{1,2607} = 3.427,4609 \text{ EUR} \approx \underline{\underline{3.427,46 \text{ EUR}}}$$

€			,		
3	4	2	7	4	6

4.12

Die Incoterms 2000 definieren 13 Handelsklauseln, die in vier Gruppen eingeteilt wurden. Jede Gruppe trägt als Bezeichnung einen gemeinsamen Anfangsbuchstaben.

Die E-Gruppe hat eine Klausel:
- EXW **Ex Works**

Bei dieser Klausel gehen Kosten und Risiken auf den Käufer über, nachdem der Verkäufer die Ware auf seinem Grundstück (Lager oder Fabrik) zur Verladung auf das vom Käufer zu beschaffende Beförderungsmittel bereitgestellt hat.

Die F-Gruppe hat drei Klauseln:
- FCA **Free Carrier**
- FAS **Free Alongside Ship**
- FOB **Free on Board**

a) 2

b) 4

Kosten und Risiken gehen auf den Käufer über, nachdem der Verkäufer entweder die Ware an einen Frachtführer übergeben (FCA) oder sie im Abgangshafen kai- oder wasserseitig (FAS) bzw. an Bord des Seeschiffes (FOB) verbracht hat. Alle F-Klauseln haben gemeinsam, dass der Käufer die Frachtkosten zu übernehmen hat.

c) 1

d) 3

Die C-Gruppe hat vier Klauseln:
- CFR **Cost and Freight**
- CIF **Cost, Insurance, Freight**
- CPT **Carriage Paid To**
- CIP **Carriage and Insurance Paid To**

Diesen Klauseln ist gemeinsam, dass der Verkäufer die Frachtkosten bis zum Bestimmungsort zu tragen hat, jedoch die Risiken nach der Verladung beziehungsweise nach Versand im Abgangsland auf den Käufer übergehen.

Die D-Gruppe hat fünf Klauseln:
- DAF **Delivered At Frontier**
- DES **Delivered Ex Ship**
- DEQ **Delivered Ex Quay**
- DDU **Delivered Duty Unpaid**
- DDP **Delivered Duty Paid**

Der Verkäufer trägt alle Kosten, bis die Ware den Bestimmungsort erreicht hat.

Siehe Schaubild auf der nächsten Seite.

4.12

Fortsetzung

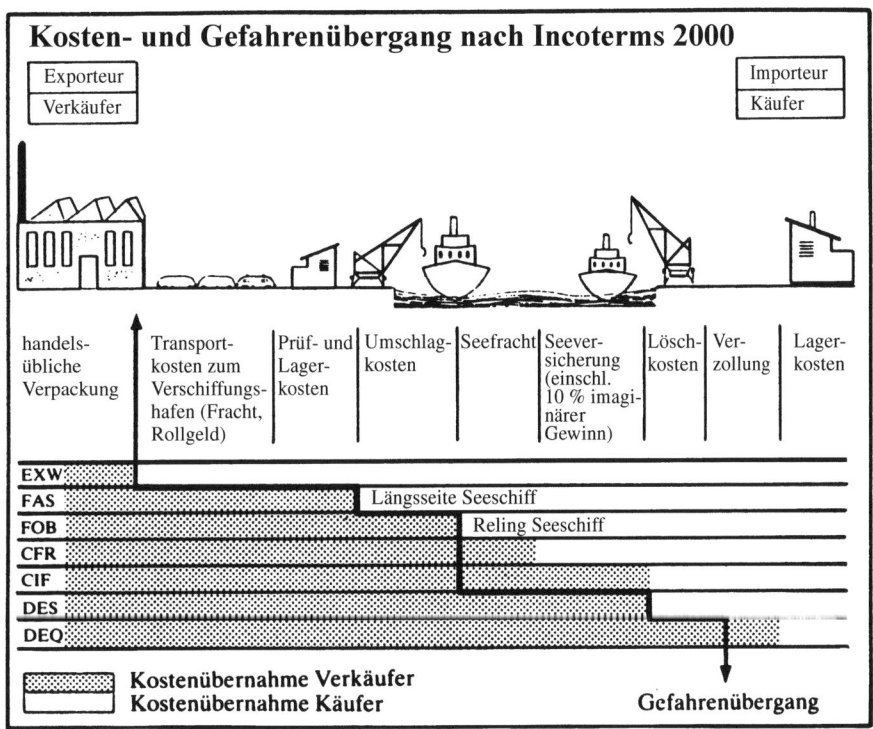

4.13

a) The shipment did not arrive in time:
   Die Lieferung ist nicht rechtzeitig angekommen.   3

b) We ask you to replace the faulty items without delay:
   Wir bitten Sie, die fehlerhaften Artikel unverzüglich zu ersetzen.   2

c) Please let us know when these items are ready for dispatch:
   Bitte lassen Sie uns wissen, wann diese Artikel versandfertig sind.   6

d) Terms of delivery: Lieferungsbedingungen   4

e) Terms of payment: Zahlungsbedingungen   1

f) Deadline for delivery: Äußerster Lieferungstermin   5

4.14

Die abgegebenen Angebote sind für den Lieferer grundsätzlich verbindlich. Will er diese Bindung einschränken oder ausschließen, muss er in sein Angebot sog. **Freizeichnungsklauseln** aufnehmen. Mit den Klauseln „freibleibend" und „ohne Gewähr" („ohne Obligo") wird das Angebot unverbindlich.

Es gibt auch Freizeichnungsklauseln, die nur einen Teil der Bindung ausschließen:

„solange der Vorrat reicht" = Menge unverbindlich, Preis, Lieferzeit verbindlich

„Preise freibleibend" = Preise unverbindlich, Lieferzeit, Menge verbindlich

„Lieferzeit freibleibend" = Lieferzeit unverbindlich, Preis, Menge verbindlich

4

4.15

Wenn die Bestellung vom Angebot abweicht, bedeutet die Auftragsbestätigung vertragsrechtlich die Annahme des Antrages.

Sind keine besonderen Abmachungen getroffen, ist der Antrag so lange verbindlich, wie der Empfänger auf gleichem Wege eine Antwort erwarten kann.

Wird der Antrag abgeändert oder verspätet angenommen, dann gilt dies als neuer Antrag (BGB § 150).

2

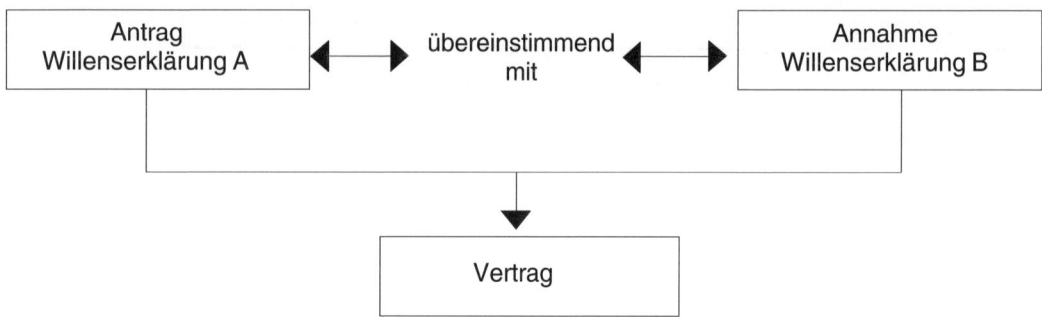

Die Antworten **1.**, **3.**, **4.** und **5.** sind dementsprechend falsch.

4.16

a) Beim **Kauf auf Abruf** wird eine größere Menge gekauft, die vom Kunden bei Bedarf in Teilmengen abgerufen wird.

2

b) Beim **Fixhandelskauf** hat die Lieferung an oder bis zu einem genau bestimmten Zeitpunkt zu
erfolgen. Fixklauseln sind z. B.: „Lieferung am 20. Dezember 20.. fix" oder „Lieferung bis
zum 18. August fest" (vgl. § 376 HGB).

1

c) Ist dem Kunden beim Kauf einer beweglichen Sache die nähere Bestimmung über Form, Maß
oder ähnliche Verhältnisse noch vorbehalten, so hat er diese Bestimmung vereinbarungsgemäß
noch zu einem späteren Termin zu treffen. Hierbei handelt es sich um einen **Bestimmungs-
kauf** (vgl. § 375 HGB).

4

d) Beim **Streckengeschäft** werden die Waren durch die Vermittlung des Händlers direkt vom
Hersteller zum Kunden geliefert, ohne dass ein Umladen erforderlich ist (Ersparnis bei den
Logistikkosten).

3

Zu 5. Beim **Kauf auf Probe** ist der Käufer berechtigt, die Ware zunächst einmal zu prüfen (d. h. zu
billigen). Diese Billigung muss innerhalb einer bestimmten Frist erfolgen. War die Sache dem
Käufer zum Zweck der Probe übergeben, so gilt das Schweigen des Käufers als Billigung. (Vgl. §
454 und § 455 BGB).

4.17

Überblick:

Mangel in der Art:	falsche Ware
Mangel in der Qualität:	z. B. Fehlen einer bestimmten Eigenschaft
Mangel in der Menge:	z. B. zu viel Ware zu wenig gelieferte Ware gilt als Teil-Lieferungsverzug
Mangel in der Beschaffen-heit:	z. B. verdorbene, beschädigte Ware, falsche oder fehlerhafte Warenverpackung

a) Es handelt sich um einen **Mangel in der Beschaffenheit**, da die Ware einen Fehler aufweist. | 1 |

b) Es handelt sich um einen **Mangel in der Art**, da eine andere als die bestellte Ware geliefert wurde. | 2 |

c) wie zu a): **Mangel in der Beschaffenheit** | 1 |

d) Es handelt sich um einen **Mangel in der Qualität**, da eine zugesicherte Eigenschaft fehlt. | 3 |

e) wie zu b): **Mangel in der Art** | 2 |

Für Reklamationen sind gesetzliche Fristen der Mängelanzeige einzuhalten. Sie gelten nur, wenn die Vertragspartner keine längeren oder kürzeren Fristen vertraglich vereinbart haben.*

Fristen, in denen Mängel angezeigt werden müssen:

	Offene Mängel	Versteckte Mängel
Käufer und Verkäufer sind Kaufleute (HGB § 377) (zweiseitiger Handelskauf)	unverzüglich	unverzüglich nach Entdeckung
Nur ein Vertragspartner ist Kaufmann oder beide sind Privatleute (BGB § 438) (einseitiger Handelskauf)	innerhalb von 2 Jahren nach der Lieferung	

* Bei **Verbrauchsgüterkauf** gilt:
  - **Die Verjährung von Ansprüchen wegen Sachmängeln darf grundsätzlich nicht auf weniger als zwei Jahre, bei gebrauchten Sachen nicht auf weniger als ein Jahr verkürzt werden** (§ 475 II BGB)

4.18

a) Richtige Antwort: **3.**   3

Es handelt sich hier um einen Sachmangel gemäß § 434 BGB:

„(1) Die Sache ist frei von Sachmängeln, wenn sie bei Gefahrübergang die vereinbarte Beschaffenheit hat. ..."

Die Sache (der Bürodrehstuhl) hat in diesem Fall nicht die vereinbarte Beschaffenheit (Höhenverstellbarkeit).

Da es sich hier um einen Bürostuhl handelt, ist dieser selbstverständlich als höhenverstellbar angeboten worden (siehe Norm für Bürodrehstühle DIN 4551).

Bei einem Defekt eignet sich das Produkt nicht für die nach dem Vertrag vorausgesetzte Verwendung (vgl. § 434 Abs. 1 Satz 2 Nr. 2 BGB: *„... und eine Beschaffenheit aufweist, die bei Sachen der gleichen Art üblich ist und die der Käufer nach der Art der Sache erwarten kann ...*"

Zu 1. Falschlieferung: Falschlieferung wäre die Lieferung eines anderen Produktes als bestellt.

Zu 2. Mangelhafte Montageanleitung: Falls der Besteller nach Montageanleitung das Möbelstück selbst montieren muss und aufgrund einer falschen oder missverständlichen Anleitung ein Fehler entsteht, handelt es sich um einen Mangel aufgrund mangelhafter Montageanleitung („Ikea-Klausel").

Zu 4. Rechtsmangel: Ein Rechtsmangel liegt z. B. vor, wenn der Verkäufer nicht Eigentümer der verkauften Sache ist oder die Sache mit einem Pfandrecht belastet ist.

b) Mario Simons als Auftraggeber kann Nacherfüllung verlangen.

§ 439 BGB

„(1) Der Käufer kann als Nacherfüllung nach seiner Wahl die Beseitigung des Mangels oder die Lieferung einer mangelfreien Sache verlangen. ..."

Danach hat Mario also die Wahl zwischen Nachbesserung (Reparatur) oder Ersatzlieferung (Lieferung einer mangelfreien Sache).

Mario Simons verlangt in diesem Fall die Lieferung einer mangelfreien Sache (Ersatzlieferung), da es sich um einen ganz erheblichen Sachmangel handelt.

Die richtige Lösung lautet **4.**   4

Zu 1. Minderung: Dies bedeutet Preisnachlass. Das kommt hier nicht in Frage, da der Bürodrehstuhl funktionsfähig sein muss. Außerdem muss der Käufer dem Verkäufer die Möglichkeit der Nacherfüllung geben, bevor er Minderung verlangen kann (siehe zu 3).

Zu 2. Nachbesserung: Siehe oben: Der technische Mangel ist so erheblich, dass eine Ersatzlieferung verlangt wird.

Zu 3. Schadensersatz statt der Leistung:

Der Käufer muss dem Verkäufer die Chance der Nacherfüllung geben. Er kann nicht unmittelbar zum Rücktritt oder Schadensersatz bzw. Rücktritt und Schadensersatz übergehen. Schadensersatz statt der Leistung ist an die erfolglose Nachfristsetzung zur Leistung bzw. Nacherfüllung geknüpft.

Fortsetzung auf der nächsten Seite.

4.18

Fortsetzung

c) **Allgemeine Geschäftsbedingungen (AGB) §§ 305 – 310 BGB**
sind Regelungen, die ein Vertragspartner seinen Verträgen allgemein zugrunde legt; meist als „Kleingedrucktes" auf der Rückseite von Vertragsanträgen zu finden. Seit dem 1. Januar 2002 sind die AGB ins BGB integriert worden.

Der Staat hat durch die im BGB geregelten Allgemeinen Geschäftsbedingungen Einschränkungen hinsichtlich der freien Vertragsgestaltung vorgenommen, um den wirtschaftlich schwächeren Vertragspartner (meist den Verbraucher) zu schützen (z. B. durch Rücktrittsrecht bei Ratenkäufen), oder er hat vorgeschrieben, dass dem Verbraucher eindeutige und verständliche Informationen gegeben werden (z. B. Nennung des effektiven Jahreszinses bei Krediten; Aushängen der Gebührentabelle im Schalterraum eines Kreditinstitutes).

Der wichtigste Grundsatz lautet: AGB dürfen einen Kunden nicht unter Verstoß gegen Treu und Glauben unangemessen benachteiligen.

Wesentliche Punkte sind:

– Wenn die AGB Bestandteil eines Vertrages werden sollen, so muss bei Vertragsabschluss ausdrücklich darauf hingewiesen werden. Der Käufer muss von ihnen Kenntnis nehmen können und einverstanden sein, dass sie Vertragsinhalt werden.

– Persönliche Absprachen gehen vor Klauseln in den AGB.

– Der Verkäufer darf sich keine unangemessen lange Zeitspanne zur Annahme des Vertrages bzw. zur Lieferung vorbehalten.

– Bei Verträgen, die innerhalb von vier Monaten erfüllt werden, sind Preiserhöhungsklauseln nicht erlaubt.

Feststellung **5.** ist also **zutreffend.**   5

Zu 1. Die AGB sind einheitlich für eine Unternehmung oder für eine Branche, nicht aber für ein Staatsgebiet.

Zu 2. Individuelle Vertragsabreden werden von den AGB nicht berührt.

Zu 3. Der Nichtkaufmann muss sein Einverständnis mit den AGB durch Unterschrift erklären.

Zu 4. Die AGB gelten auch – aber nicht nur – bei Ratenkäufen.

4.19

Verspätete Lieferung als Lieferungsverzug liegt vor, wenn eine fällige Lieferung trotz Mahnung nicht erfolgt ist und der Verkäufer **schuldhaft** die Lieferung verzögert oder unterlassen hat.

> ## § 325 BGB
>
> Das Recht, bei einem gegenseitigen Vertrag Schadensersatz zu verlangen, wird durch den Rücktritt nicht ausgeschlossen.

Bürgerliches Gesetzbuch (BGB) – Auszug

Demnach kann der Käufer nach § 325 BGB vom Vertrag zurücktreten und Schadensersatz verlangen oder Lieferung und evtl. Schadensersatz (Verzögerungsschaden) verlangen.

Der Gläubiger kann von einem gegenseitigen Vertrag zurücktreten, wenn

- der Schuldner die fällige Leistung nicht oder nicht vertragsmäßig erbracht hat und

- eine vom Gläubiger gesetzte, angemessene Frist zur Leistung oder Nacherfüllung erfolglos geblieben ist (§ 323 Abs. 1 BGB).

Wenn der Liefertermin kalendermäßig festgelegt war, erübrigt sich das Setzen einer Nachfrist (§ 323 BGB).

Die Feststellung **3.** ist somit **nicht zutreffend.**

3

4.20

Der Käufer gerät in **Annahmeverzug**, wenn er die **ordnungsgemäß gelieferte Ware** nicht annimmt. Ordnungsgemäße Lieferung bedeutet:

- Lieferung zur rechten Zeit

- Lieferung an den rechten Ort

  und

- in der richtigen Güte und Menge.

In den Fällen **2.** und **3.** befindet sich der Käufer in Annahmeverzug.

2	3

Zu 2. Der Käufer befindet sich in Annahmeverzug, da ein Bestellungswiderruf spätestens gleichzeitig mit der Bestellung eingehen muss.

Zu 3. Der Käufer befindet sich in Annahmeverzug, da er die mangelnde ordnungsgemäße Lieferung nicht beweisen kann.

Erläuterung zu den Fällen **1.** und **4.**:

Zu 1. Der Käufer befindet sich **nicht** in Annahmeverzug, da die Ware nicht ordnungsgemäß geliefert wurde (Lieferung stimmt nicht mit der Bestellung überein).

Zu 4. Der Käufer befindet sich **nicht** in Annahmeverzug, da die bestätigte Beschädigung der Verpackung beweiskräftig die ordnungsgemäße Lieferung infrage stellt.

5.01

Wenn die Bestellung in irgendeinem Punkt vom Angebot abweicht, ist die Bestellung des Kunden grundsätzlich ein neuer Antrag zum Abschluss eines Kaufvertrages. Die Annahme des Antrages durch den Lieferanten erfolgt

– stillschweigend durch Lieferung oder

– durch eine Auftragsbestätigung.

Wenn in der Bestellung das Lieferdatum geändert wurde, wird in der Regel eine Auftragsbestätigung geschrieben.

In den Aussagen **1.** bis **4.** stimmt die Bestellung mit dem Angebot überein; sie gilt vertragsrechtlich als Annahme unseres Antrages (Angebotes): Ein Kaufvertrag ist zustande gekommen.

5

5.02

Reihenfolge der Arbeitsschritte

1. Zunächst muss die Anfrage geprüft werden. (f)

2. Daraufhin wird ein Angebot ausgearbeitet und dem künftigen Kunden zugeschickt. (b)

3. Die Bestellung des Kunden geht ein. (e)

4. Die Bestellung des Kunden wird hinsichtlich der Übereinstimmung mit dem Angebot überprüft. (d)

5. Der Auftrag wird bestätigt. (c)

6. Die Ware wird im Lager zusammengestellt (kommissioniert). (g)

7. Die Ware wird verpackt. (a)

8. Die Ware wird dem Versand zugeleitet, der die entsprechenden Versandpapiere aus-
fertigt. (h)

a) 7

b) 2

c) 5

d) 4

e) 3

f) 1

g) 6

h) 8

5.03

Berechnen des Preisnachlasses:

Rechnungsbetrag	12.900,00 EUR		100 %
– **Preisnachlass**	**2.150,00 EUR**		16 $^2/_3$ %
Zahlungsbetrag	10.750,00 EUR	100 %	83 $^1/_3$ %
– Skonto	322,50 EUR	3 %	
Überweisungsbetrag	10.427,50 EUR	97 %	

€
2 1 5 0 | 0 0

5.04

Werkverkehr ist Güterkraftverkehr für unternehmerische Zwecke (Güterversand mit firmeneigenen Fahrzeugen). Die Beförderung der Güter darf nur eine Hilfstätigkeit im Rahmen der gesamten unternehmerischen Tätigkeit sein.

Der Werkverkehr ist – im Gegensatz zum gewerblichen Güterkraftverkehr – erlaubnisfrei.   `2`

Die beförderten Güter im Werkverkehr müssen Eigentum des Unternehmens sein.   `3`

Zu 1. Der gewerbliche Güterkraftverkehr ist erlaubnispflichtig, nicht der Werkverkehr.

Zu 4. Die zur Beförderung eingesetzten Fahrzeuge müssen von eigenem Personal (Fahrern) des Unternehmens gelenkt werden.

Zu 5. Der Frachtbrief und der Ladeschein sind Versandpapiere im gewerblichen Güterkraftverkehr. Im Werkverkehr werden den Kunden die Waren mit einem Lieferschein (Warenbegleitpapier/Empfangsbestätigung) angeliefert.

5.05

Der Frachtbrief verbrieft **nicht** das Eigentumsrecht an der Sendung. Er ist Begleitpapier, Beweisurkunde, Empfangsbescheinigung und begründet das Verfügungsrecht über die Sendung.   `1`

5.06

Bei der Versendung von Containern (Stückgut) und dem Einsatz von Roll-on/Roll-off-Schiffen, die ganze Lastzüge befördern, können Waren mit dem **Binnenschiff** umweltschonend und kostengünstig transportiert werden; insbesondere bei der Beförderung von Massengütern (z. B. Kohle, Sand, Kies) werden Binnenschiffe bevorzugt eingesetzt. Versandpapiere in der Binnenschifffahrt sind neben dem Frachtbrief (Warenbegleitpapier) insbesondere der Ladeschein (Binnenkonnossement) als Warenwertpapier, d. h. der Inhaber des Papiers ist Eigentümer der Ware.   `5`

Zu 1. InterCargo-Zug: Für schnelle Transporte (Nachtsprung) von Einzelwagen oder Wagengruppen zwischen nationalen Wirtschaftszentren

Zu 2. LKW-Transport: Containertransport möglich; Versandpapier: Frachtbrief; Nachteile u. a. Umweltbelastung (Lärm, Abgase), diverse Abhängigkeiten (Staugefahr, Straßenverhältnisse)

Zu 3. Huckepack-Verkehr: Beförderung von Straßenfahrzeugen (Sattelzüge, Auflieger, Anhänger u. a.) mit der DB Cargo AG im Nachtsprung

Zu 4. Lufthansa Cargo: Luftfrachtbeförderung mit Luftfrachtbrief (Airway Bill); schneller Transport; sehr teuer

a) **Binnenschiffsverladung**: Der Binnenschiff-Güterverkehr eignet sich für den Transport von Massengütern, wie Kohle, Getreide, Öl, Steine usw., über weite Entfernungen, wobei die Schnelligkeit nicht das entscheidende Auswahlkriterium ist. | 4

b) **Postversand**: Bei der Deutschen Post AG unterscheidet man zwischen Nachrichtenverkehr (Briefsendungen) und Güterverkehr (Paketsendungen). Bücher zählen noch zu Briefsendungen und können in denselben Abmessungen wie Briefsendungen bis zu einem Höchstgewicht von 1 000 g zu ermäßigtem Entgelt verschickt werden. Rechtliche Grundlagen für den Nachrichten- und Güterverkehr beim Postversand sind das Postgesetz und die Allgemeinen Geschäftsbedingungen der Deutschen Post AG. | 2

c) **Bahnwaggon**: Die Deutsche Bahn AG hat Beförderungspflicht für alle Güter, sofern diese den Erfordernissen der Eisenbahnverkehrsordnung (EVO) entsprechen. Die Leistungen der Deutschen Bahn AG sind u. a.: Ganzzugverkehr (Massenguttransport/Logistikzug) und Wagenladungsverkehr. | 5

d) **Luftfracht**: Lufttransport durch Flugzeuge ist besonders geeignet für eilbedürftige Güter, wie z. B. Medikamente, über große Entfernungen. | 1

e) **Seeverschiffung**: Container (Behälter) werden auf Spezialschiffen, sog. Containerschiffen, gestapelt. Das in Containern verpackte Stückgut wird in einer Arbeitsstunde etwa dreißig- bis vierzigmal schneller umgeschlagen als auf sonst übliche Art. | 3

5.08

Mit dem **ePaket** (Höchstgewicht bis 31,5 kg, deutschlandweit) bietet die Deutsche Post AG einen besonderen kostengünstigen Service (zz. 9,90 €) für die sichere und bequeme Abwicklung des Pakettransportes per Internet an – inklusive Abholung. Nach der Eingabe für die Abholung/Zustellung bringt der Zusteller das ausgefüllte Paketlabel mit, das Paket wird wie gewohnt transportiert und schnellstmöglich an den Empfänger übergeben.

4

Zu 1. Das Höchstgewicht beim Päckchen beträgt 2 kg

Zu 2. Das Höchstgewicht beim Pluspäckchen/DHL-Paket beträgt 20 kg (innerhalb Deutschlands);
und 3. entsprechender Aufwand erforderlich: Besorgen/Ausfüllen des Einlieferungsscheines, Einlieferung

Zu 5. Als Sperrgut gelten Pakete, die bestimmte Höchstmaße überschreiten oder aufgrund der Verpackungsform (z. B. Dreiecksendungen), des Verpackungsmaterials (z. B. folienverpackte Güter) oder der Verpackungsbesonderheiten (z. B. Käfige) eine besondere Behandlung erfordern.

Die Träger des Güterverkehrs

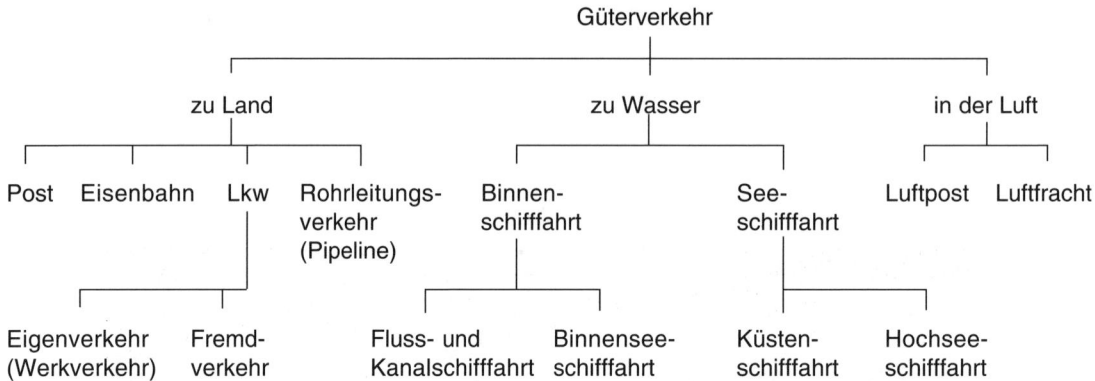

Die Träger des Güterverkehrs

5.09

Dem Tätigkeitsbereich des **dispositiven** Faktors sind zuzuordnen:

– Die Beachtung der betriebseigenen Vorschriften für die Beladung von Lastkraftwagen.

– Die Auswahl des Beförderungsunternehmens in der Luftfracht.

a) 1

– Der Leiter der Postagentur zeichnet verantwortlich für die ordnungsgemäße Ausführung der postalischen Dienstleistungen.

b) 2

– Für Betriebsstörungen durch Arbeitskampfmaßnahmen haftet das Unternehmen.

c) 1

d) 1

Zu Lasten des **ausführenden** Arbeitnehmers gehen Schäden, die er durch Nichteinhalten der Arbeitsvorschriften selbst verschuldet hat:

e) 1

f) 2

– Überschreiten der festgelegten Höchstgeschwindigkeit

– Nichteinhalten des Alkoholverbotes während der Arbeitszeit

5.10

a) **Frei Bahnhof dort:** Weitere übliche Bezeichnungen sind: „frei dort" und „frachtfrei".	4
b) **Frei Werk dort:** Weitere übliche Bezeichnungen sind: „frei Haus dort" und „frei Lager dort".	3
c) **Unfrei:** Weitere übliche Bezeichnungen sind: „ab Bahnhof hier" und „ab hier".	1
d) **Ab Werk:** Weitere übliche Bezeichnungen sind: „ab Keller" und „ab Lager".	2

An Versandkosten können entstehen:

Anfuhrkosten, Verladekosten, Frachtkosten, Entladekosten, Zufuhrkosten und ggf. Kosten für Transportversicherungen.

Siehe Abbildung zu Lösung 5.11.

5.11

Aus der Kostensicht des Lieferers ergibt sich folgende Reihenfolge der Lieferbedingungen:

ab Werk
Der Kunde übernimmt alle Transportkosten.

ab hier
Der Kunde übernimmt alle Transportkosten ab Versandstation
(Bahnhof, Flughafen, Schiffshafen).

frei Waggon
Im Unterschied zu „ab hier" übernimmt der Lieferer die Verladekosten auf der
Versandstation.

frachtfrei
Der Lieferer übernimmt alle Kosten bis zur Empfangsstation.

frei Haus
Der Lieferer übernimmt alle Kosten bis zum Kundensitz.

a) 1

b) 5

c) 2

d) 4

e) 3

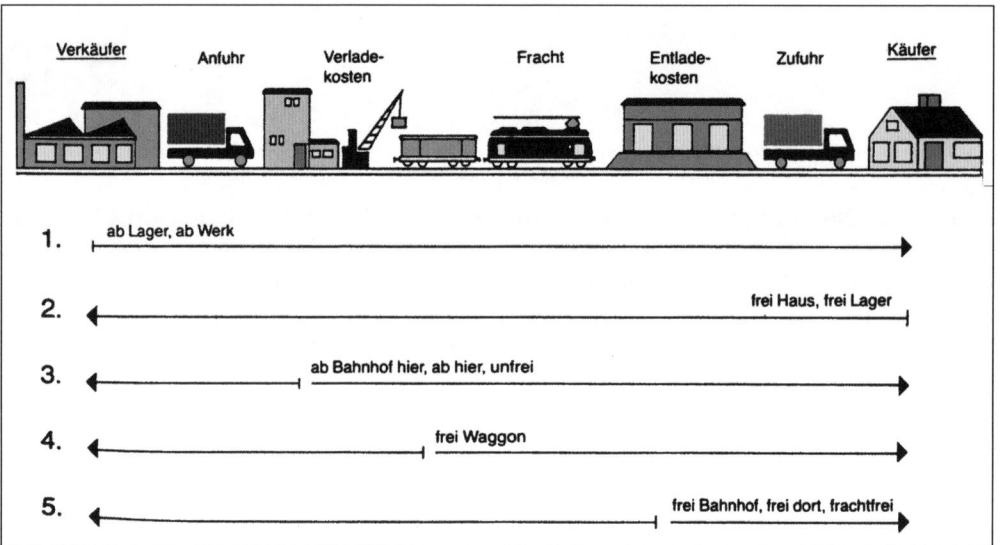

5.12

Standgeld für zwei Tage (34,77 EUR · 2)	69,54 EUR
Zeitleistung Personal (2 MA/6 Viertelstunden) (8,69 EUR · 6 · 2)	104,28 EUR
Wiegen	33,23 EUR
Transport	968,90 EUR
Summe	1.175,95 EUR
+ 19 % Umsatzsteuer	223,43 EUR
Rechnungsbetrag	1.399,38 EUR

Der Preis beläuft sich auf 1.399,38 Euro.

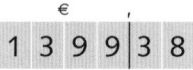

5.13

Beim Streckengeschäft wird die Ware vom Verkäufer nicht an den Vertragspartner geliefert, sondern direkt an dessen Kunden (Versendungskauf).

Es werden dadurch nicht nur Lager- und Transportkosten gespart, es sind auch kürzere Lieferzeiten möglich.

Die Lieferbedingung „Frachtbasis ...." besagt, dass der Käufer (z. B. in Hagen) ab einem vertraglich festgelegten Ort (z. B. Mannheim) die Frachtkosten zu zahlen hat, auch wenn die Ware von einem anderen Ort (z. B. Dortmund) geliefert wird. | 5

5.14

a) Spediteur ist, wer es gewerbsmäßig übernimmt, Güterversendungen (i. d. R. durch Frachtführer) zu besorgen (HGB §§ 453 ff.). Er ist befugt, die Beförderung selbst durchzuführen (Selbsteintrittsrecht HGB § 458). | 2

b) Frachtführer ist, wer es gewerbsmäßig übernimmt, die Beförderung von Gütern zu Lande oder zu Wasser oder in der Luft auszuführen (HGB §§ 407 ff.); aufgrund des Frachtvertrages führt er den Transport auf fremde Rechnung durch. | 4

c) Lagerhalter ist, wer gewerbsmäßig die Lagerung und Aufbewahrung von Gütern übernimmt (HGB §§ 467 ff.). | 6

5.15

a) The consignment is in good condition from the outside: Die Sendung ist äußerlich in gutem Zustand. | 7

b) Commercial Invoice: Handelsrechnung | 2

c) Certificate of Origin: Ursprungszeugnis | 5

d) Bill of Lading: Frachtbrief | 4

e) The consignment is insured against all risks: Die Sendung ist gegen alle Risiken versichert. | 6

f) Insurance policy: Versicherungspolice | 1

g) Gross weight: Bruttogewicht | 8

h) The shipping documents have been handed over to our bank: Die Versandpapiere wurden unserer Bank übergeben. | 3

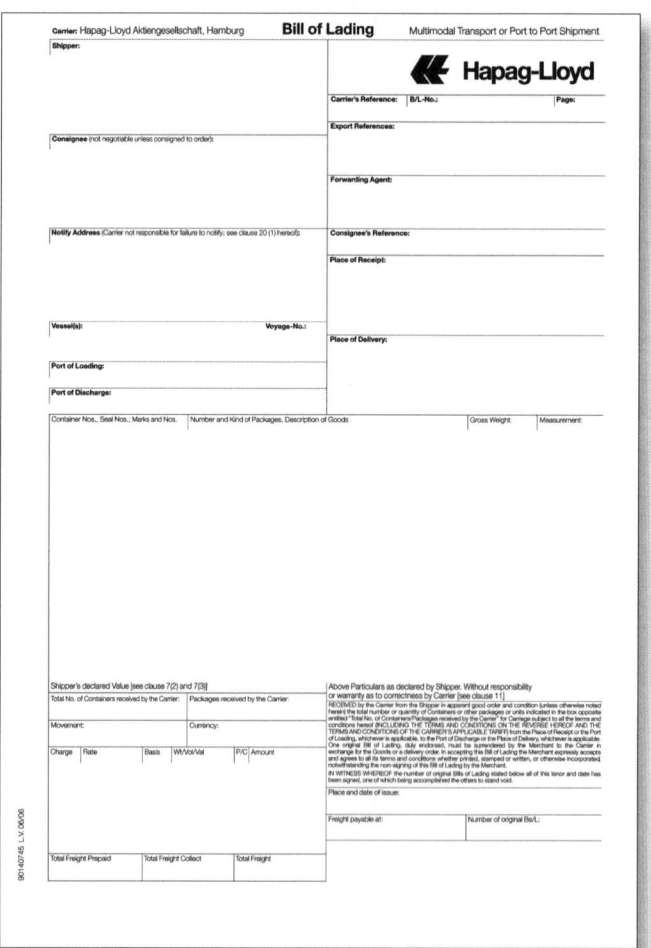

5.16

a) **Rabatt:** Preisnachlass (Sofortabzug), der aus verschiedenen Anlässen für einzelne Bestellungen gewährt werden kann, z. B. Mengenrabatt, Treuerabatt, Wiederverkäuferrabatt, Sonderrabatt. (Das Gegenteil von Mengenrabatt ist der Mindermengenzuschlag für Kleinaufträge.) | 2 |

b) **Skonto:** ein prozentualer Nachlass für die Nichtnutzung eines vom Lieferanten angebotenen Kredits (z. B. 2 % vom Rechnungspreis innerhalb von 10 Tagen). Der Zinssatz ist – auf das ganze Jahr gerechnet – so hoch, dass nur eine vorzeitige Zahlung für den Kunden attraktiv ist. | 1 |

c) **Bonus:** ein Preisnachlass (Gutschrift), der einem Kunden erst nachträglich nach Erreichen einer vorgegebenen Umsatzhöhe gewährt wird. | 3 |

d) Bei Abnahme einer Menge von 10 Ballen dieses Baumwollstoffes gewähren wir 20 % **Rabatt.** (Bei Abnahme einer bestimmten Menge spricht man von ‚Mengen**rabatt**'.) | 2 |

e) Zahlungsbedingung: 3 % **Skonto** bei Zahlung innerhalb von 10 Tagen | 1 |

f) Als Stammkunde erhalten Sie aufgrund Ihres Auftragsvolumens einen **Bonus** von 10 %. (Hier handelt es sich um eine Umsatzhöhe innerhalb eines bestimmten Zeitraumes: Dafür wird dem Kunden nachträglich ein **Bonus** gewährt.) | 3 |

05 Verkauf und Kundenberatung – Rechnungserstellung

5.17

Die **Konsulatsfaktura (Consular Invoice)** ist eine besondere Rechnung, in der das zuständige Konsulat des Importlandes die Richtigkeit über den angegebenen Warenwert bestätigt; sie dient der Zollberechnung bei der Einfuhr. | 5 |

Die Aussagen **1.** bis **4.** betreffen nicht die Konsulatsfaktura.

5.18

Bei der Barzahlung erfolgen Zahlung und Empfang des Geldes in Form von Banknoten und Münzen.

Die halbbare Zahlung ist dadurch gekennzeichnet, dass nur ein Zahlungspartner mit Bargeld in Berührung kommt, der andere besitzt ein Bankgirokonto. Formen der halbbaren Zahlung sind der Zahlschein, der Barscheck und die Postnachnahme.

Bei der bargeldlosen Zahlung müssen Zahler und Zahlungsempfänger ein Bankgirokonto besitzen. Vorteil dieser Zahlungsart ist die sichere, bequeme und schnelle Möglichkeit, Zahlungen zu leisten oder zu empfangen.

Wesentliche Formen der bargeldlosen Zahlung sind die Überweisung, die Lastschrift (durch Erteilen einer Einzugsermächtigung oder Abbuchungsauftrag), der Verrechnungsscheck sowie die Kreditkarte.

a) **Verrechnungsscheck: bargeldlose Zahlung.** Der Scheckbetrag wird dem Konto gutgeschrieben. | 3 |

b) **Banküberweisung: bargeldlose Zahlung.** Überweisung eines Betrages vom Bankgirokonto des Schuldners auf das Bankgirokonto des Empfängers. | 3 |

c) Die Zahlung mit **Kreditkarten** gehört zum **bargeldlosen Zahlungsverkehr.** Kreditkarten werden von Kreditkartenunternehmen (z. B. American Express), von Kreditinstituten und im Rahmen von Kooperationsverträgen (z. B. Kooperation von Lufthansa und VISA) von Nichtbanken herausgegeben.

Die Karteninhaber können bei allen Unternehmen, die die Kartenzahlung akzeptieren, mit der Kreditkarte zahlen. Die Abrechnung erfolgt über das **Lastschriftverfahren**, d. h. auf Grund einer Einzugsermächtigung, die dem Kartenherausgeber vorliegt. | 3 |

Kreditkarten können auch zur Bargeldbeschaffung bei Banken oder an Bargeldautomaten benutzt werden. Allerdings wird der Karteninhaber auf Grund der hohen Kosten von dieser Möglichkeit nur in Notfällen Gebrauch machen.

d) **Barscheck: halbbare Zahlung.** Der Schuldner zahlt mit Scheck, der Gläubiger erhält den Betrag in Form von Bargeld. | 2 |

e) **Dauerauftrag: bargeldlose Zahlung.** Mit einem Dauerauftrag weist der Auftraggeber sein Geldinstitut an, eine Überweisung in gleichbleibender Auftragshöhe zu einem festgelegten Zeitpunkt an den gleichen Gläubiger auszuführen. | 3 |

f) **Quittung:** Bei **Barzahlung** stellt der Zahlungsempfänger dem Zahlungsleistenden eine Empfangsbestätigung über die Zahlung aus. | 1 |

g) **Einzugsermächtigung: bargeldlose Zahlung.** Mit Erteilen einer Einzugsermächtigung wird der Zahlungsempfänger vom Zahlungspflichtigen ermächtigt, vom Konto des Zahlungspflichtigen Geldbeträge für bestimmte Forderungen (z. B. für eine Versicherung) einzuziehen. Bei ungerechtfertigten Belastungen kann binnen 6 Wochen der Belastung widersprochen und die Wiedergutschrift des belasteten Betrags verlangt werden. | 3 |

h) **Postbarscheck als Zahlungsanweisung: halbbare Zahlung.** Durch Ausstellen eines Postbarschecks als Zahlungsanweisung kann der Aussteller sich oder einem anderen Geld durch den Postzusteller bar auszahlen lassen. | 2 |

5.19

Eine mit Scheck beglichene Schuld gilt in rechtlichem Sinne an dem Tage als gezahlt, an dem der Scheckbetrag vom Konto des Schuldners abgebucht wird.

2

Die Antworten **1.**, **3.** und **4.** sind falsch.

05 Verkauf und Kundenberatung – Mahnwesen

5.20

Im vorgegebenen Fall war der Zahlungstermin durch einen Kalendertag bestimmt. Hat der Schuldner nach Ablauf des Zahlungsziels die Rechnung noch nicht beglichen, befindet er sich im Verzug und begeht damit eine Pflichtverletzung. Der Schuldner kann nach BGB § 288 Verzugszinsen verlangen. Diese belaufen sich im Geschäftsverkehr auf acht Prozentpunkte p. a. über dem Basiszinssatz. Bei einseitigen Handelsgeschäften beträgt der Verzugszinssatz fünf Prozentpunkte über dem Basiszinssatz. Aussage **3.** ist also korrekt.

3

Ist kein Zahlungstermin vorgegeben, gerät der Schuldner nach BGB § 286 Abs. 3 unabhängig von einer Mahnung spätestens 30 Tage nach Fälligkeit der Schuld und Rechnungserhalt in Verzug. Verbraucher müssen in der Rechnung auf diese Folge hingewiesen werden. Schickt der Gläubiger eine Mahnung und der Schuldner zahlt daraufhin nicht, ist er durch die Mahnung in Verzug geraten.

---

§ 288 Verzugszinsen

(1) [1]Eine Geldschuld ist während des Verzugs zu verzinsen. [2]Der Verzugszinssatz beträgt für das Jahr fünf Prozentpunkte über dem Basiszinssatz.

(2) Bei Rechtsgeschäften, an denen ein Verbraucher nicht beteiligt ist, beträgt der Zinssatz für Entgeltforderungen acht Prozentpunkte über dem Basiszinssatz.

(3) Der Gläubiger kann aus einem anderen Rechtsgrund höhere Zinsen verlangen.

(4) Die Geltendmachung eines weiteren Schadens ist nicht ausgeschlossen.

BGB (Auszug)

5.21

Zahlungsverzug (§ 286 BGB) tritt ein

- ab Fälligkeitstag, wenn der Zahlungstermin fest vereinbart war.
- nach Mahnung mit Fristsetzung, wenn der Zahlungstermin nicht fest vereinbart war.
- automatisch 30 Tage nach Fälligkeit und Zugang einer Rechnung bzw. einer gleichwertigen Zahlungsaufforderung.

3

Damit ist der Fälligkeitstermin der Zahlung der 18. Juli; ab diesem Tag können wir Verzugszinsen (gesetzliche Verzugszinsen 5 % über dem Basiszinssatz der EZB) verlangen.

5.22

Gemäß § 195 BGB ist die Regelverjährungsfrist aus gesetzlichen und aus vertraglichen Ansprüchen auf 3 Jahre festgesetzt. Sie beginnt mit Ablauf des Jahres, in dem der Anspruch enstand und endet spätestens nach Ablauf von 10 Jahren (§ 199 Abs. 4 BGB).

In § 212 BGB ist der **Neubeginn** der Verjährungsfrist geregelt. Der Gläubiger erreicht sie durch Antrag einer gerichtlichen Vollstreckungshandlung, der Schuldner durch Teilzahlung oder durch Bitte um Stundung. Bei einer **Hemmung** der Verjährungsfrist läuft diese während des Hemmungsgrundes nicht weiter: Sie verlängert sich um die Zeitdauer der Hemmung. Hemmungsgründe können sein ein Verfahren der Rechtsverfolgung, z. B. Anspruchsanmeldung im Insolvenzverfahren (§ 204 BGB), ein Leistungsverweigerungsrecht aufgrund einer Vereinbarung zwischen Gläubiger und Schuldner (§ 205 BGB) oder höhere Gewalt (§ 206 BGB). Nach Eintritt der Verjährung ist der Schuldner berechtigt, die Leistung zu verweigern (§ 214).

Die Verjährungsfrist **beginnt** durch die Teilzahlung **neu** zu laufen. Sie stellt wie die Bitte um Stundung, eine Sicherheitsleistung oder eine Zahlung von Verzugszinsen eine ausdrückliche Schuldanerkenntnis dar.

2

Zu 1. Die Verjährungsfrist wird gehemmt durch ein Rechtsverfolgungsverfahren, bei gegebenem Leistungsverweigerungsrecht und bei höherer Gewalt.

Zu 3. Nach Ablauf von 10 Jahren endet eine Regelverjährung spätestens.

Zu 4. Diese Frist gibt es nicht.

Zu 5. Das ist die Regelverjährungsfrist (bisher 30 Jahre).

Zu 6. Diese Aussage ist falsch.

---

§ 212 Neubeginn der Verjährung. (1) Die Verjährung beginnt erneut, wenn

1. der Schuldner dem Gläubiger gegenüber den Anspruch durch Abschlagszahlung, Zinszahlung, Sicherheitsleistung oder in anderer Weise anerkennt oder

2. eine gerichtliche oder behördliche Vollstreckungshandlung vorgenommen oder beantragt wird.

...

§ 214 Wirkung der Verjährung. (1) Nach Eintritt der Verjährung ist der Schuldner berechtigt, die Leistung zu verweigern.

(2) [1]Das zur Befriedigung eines verjährten Anspruchs Geleistete kann nicht zurückgefordert werden, auch wenn in Unkenntnis der Verjährung geleistet worden ist. [2]Das Gleiche gilt von einem vertragsmäßigen Anerkenntnis sowie einer Sicherheitsleistung des Schuldners.

Bürgerliches Gesetzbuch (BGB) – Auszug

5.23

Der Verjährung unterliegen Ansprüche, d. h. Rechte, von einem anderen ein Tun oder ein Unterlassen zu verlangen. Ist ein Anspruch verjährt, bedeutet dies für den Anspruchsberechtigten, dass der Verpflichtete gegen diesen Anspruch die Einrede der Verjährung erheben kann mit der Folge, dass die Leistung nicht erbracht zu werden braucht.

Die Kaufpreisforderung unterliegt der Regelverjährung = 3 Jahre (§ 195 BGB). Die Frist beginnt mit dem Ende des jeweils laufenden Kalenderjahres, in dem die Forderung auch fällig wurde (§ 199 BGB).

Die Verjährung ist gehemmt, solange die Leistung gestundet ist.

Lösung **5.** ist also **richtig**.

5

(Folge: Der Zeitraum, während dessen die Verjährung gehemmt ist, wird in die Verjährungsfrist nicht eingerechnet.)

Zu 1. Eine bloße Mahnung, ob schriftlich oder mündlich, hat überhaupt keinen Einfluss auf die

Zu 2. Verjährung.

Zu 3. Wird eine gerichtliche oder behördliche Vollstreckungshandlung vorgenommen oder beantragt, beginnt die Verjährungsfrist von Neuem zu laufen (§ 212 BGB).

Zu 4. Bei Schuldanerkenntnis, z. B. durch Teilzahlung, Zinszahlung, Sicherheitsleistung oder in anderer Weise, beginnt die Verjährungsfrist ebenfalls von Neuem zu laufen.

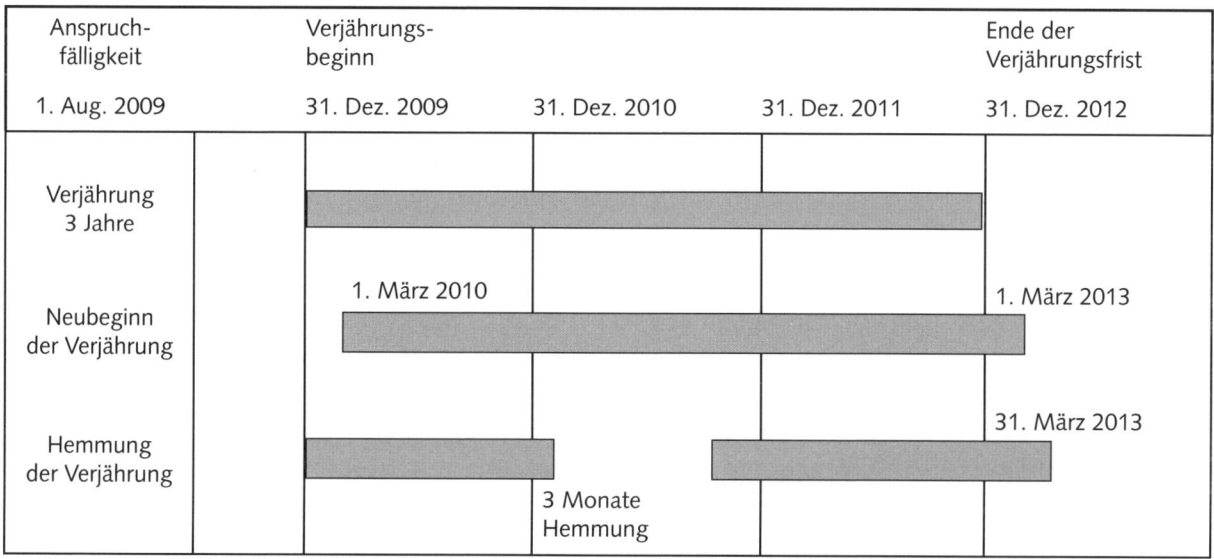

5.24

Leistungs- oder Erfüllungsstörungen sind u. a.

- **Lieferungsverzug (Verspätung der Leistung; Schuldnerverzug)**

  = Leistungsverzug des Verkäufers, wenn er nicht rechtzeitig liefert. Voraussetzungen sind:

  - Fälligkeit der Lieferung
  - Verschulden des Verkäufers
  - Mahnung (nicht bei Fixkauf und Selbstinverzugsetzung des Lieferers)

- **Zahlungsverzug (Verspätung der Leistung; Schuldnerverzug)**

  = Leistungsverzug des Geldschuldners, Voraussetzungen sind:

  - Verschulden des Käufers
  - Fälligkeit
  - Mahnung (nicht wenn Zahlungstermin kalendermäßig bestimmt ist und bei Selbstinverzug-setzen des Schuldners bzw. automatisch 30 Tage nach Fälligkeit und Zugang einer Rechnung oder gleichwertiger Zahlungsaufforderung)

- **Annahmeverzug (Gläubigerverzug)**

  = Käufer nimmt die ordnungsgemäß gelieferte Ware nicht an. Voraussetzung ist:

  - vereinbarter Liefertermin

a) Beim Lieferungsverzug kann Schadensersatz statt Leistung und / oder Rücktritt vom Vertrag gefordert werden. (§ 281 und § 323 BGB) | 5

b) Beim Zahlungsverzug kann der Betrag mithilfe eines Mahnbescheides angefordert werden (§§ 688 ZPO). | 4

c) Beim Annahmeverzug kann der Verkäufer einen Selbsthilfeverkauf durchführen (§ 383 BGB). | 1

5.25

Gewährleistung ist gesetzlich vorgeschrieben (§§ 437 ff BGB) und bedeutet, dass der Verkäufer verpflichtet ist, für Mängel an einer Sache bestimmte Rechte (Gewährleistungsansprüche) gegen sich gelten zu lassen. Gewährleistungsansprüche verjähren (ab Ablieferung/Übergabe) bei neuer Ware nach 2 Jahren (§ 438 BGB), bei gebrauchten Sachen ist eine Verkürzung auf 1 Jahr zulässig (§ 475 BGB). | a) 3

Garantie ist eine vertragliche (freiwillige) Verpflichtung des Verkäufers und bezieht sich in der Regel auf die einwandfreie Beschaffenheit einer Sache (Beschaffenheitsgarantie) oder darauf, dass eine Sache für eine bestimmte Dauer eine bestimmte Beschaffenheit behält (Haltbarkeitsgarantie). Die Garantie geht über die gesetzliche Gewährleistung hinaus, z. B. ist die vereinbarte Garantiefrist länger als die gesetzliche Gewährleistungsfrist von zwei Jahren. Die Garantieleistung ist unabhängig vom Bestehen oder Nichtbestehen eines Mangels bei Gefahrenübergang. | b) 1 | c) 2 | d) 3 | e) 1

Kulanz liegt vor, wenn der Verkäufer über die gesetzlichen oder vertraglich vereinbarten Gewährleistungs-/Garantieansprüche hinaus freiwillig (aus Kulanzgründen) Reklamationen anerkennt und den Mangel ganz oder teilweise auf eigene Kosten beseitigt.

5.26

Zur Lösung der Aufgabe 5.26 finden Sie eine sinngemäße deutsche Übersetzung jeweils unter dem englischen Satz.

a) **We would appreciate** your remittance by 31 May at the latest.
   Für Ihre Überweisung bis spätestens 31. Mai wären wir Ihnen verbunden.

   2

b) **We would ask you to** transfer the amount by 7 June at the latest.
   Wir bitten Sie, den Betrag bis spätestens 7. Juni zu überweisen.

   1

c) **According to our records the amount of** 320 € has not yet been paid.
   Nach unseren Unterlagen wurde der Betrag von 320 € noch nicht beglichen.

   4

d) **Unless you remit the amount by 8 May** we regret that we will have to take legal steps.
   Wenn Sie den Betrag nicht bis 8. Mai überweisen, werden wir leider rechtliche Schritte unternehmen müssen.

   3

e) **The total amount of the invoice** was due on 30 April 20..
   Die Gesamtsumme der Rechnung war am 30. April 20.. fällig.

   5

6.01

Sortiment ist die Bezeichnung für das spezielle Angebot, das ein Handelsunternehmen seinen Kunden aus der Fülle der am Markt verfügbaren Waren zusammenstellt.

a) Unterschieden werden

aa) Breites Sortiment

= viele Warengruppen, z. B. Textilien, Lebensmittel, Möbel und Elektronik in einem Warenhaus

`2`

ab) Tiefes Sortiment

= innerhalb einer Warengruppe wird eine sehr große Auswahl angeboten, z. B. Elektrofachgeschäft

`1`

ac) Flaches Sortiment

= innerhalb einer Warengruppe wird nur eine geringe Auswahl angeboten, z. B. Möbel im Warenhaus

`4`

ad) Enges Sortiment

= wenig Warengruppen, z. B. nur Textilien und Komplementärgüter im Textilkaufhaus

`3`

b) Der Sortimentsgroßhandel führt verschiedene Warengruppen, bringt aber innerhalb der Gruppe nur eine begrenzte Auswahl (breites und flaches Sortiment).

`2`

`4`

6.02

Diversifikation bedeutet: gezielte Streuung, Ausweitung.

Um die Marktabhängigkeit zu verringern, nimmt ein Unternehmen andersartige Erzeugnisse in sein Programm auf, d. h. es erweitert sein Sortiment.

`5`

Man unterscheidet

– **Horizontale Diversifikation:**

Programmerweiterung auf der gleichen Wirtschaftsstufe.

Beispiel: Ein Lebensmittel-Filialunternehmen nimmt Haushaltswaren in sein Angebot.

– **Vertikale Diversifikation:**

Programmerweiterung auf einer nachgelagerten Wirtschaftsstufe.

Beispiel: Ein Metallhändler erwirbt eine Metallhütte.

6.03

Das Aufnehmen des Inventars (siehe unter **1.**) wird **Inventur** (Bestandsaufnahme) genannt. Eine Jahresinventur hat jeder Kaufmann für den Schluss eines jeden Geschäftsjahres zu machen. Es werden die wirklichen Bestände (Ist-Bestände) mengenmäßig festgestellt und dabei die in den Lagerkarten ausgewiesenen Sollbestände nachgeprüft. Bestandsaufnahmen können auch in kürzeren Zeitabständen (monatlich), fortlaufend oder stichprobenartig gemacht werden.

3

Zu 1. Unter **Inventar** versteht man das Verzeichnis aller Vermögensgegenstände und Schulden mit Wertangabe, das ein Kaufmann beim Beginn eines Handelsgewerbes und für den Schluss eines jeden Geschäftsjahres aufzustellen hat (§§ 39 HGB).

Zu 2. Statistik wird die zahlenmäßige Bewertung der Massenerscheinungen der Natur und der menschlichen Gesellschaft genannt. In der Hauptsache werden statistische Daten in den Bereichen der Wirtschaft, der Gesellschaft (Bevölkerungsstatistik) erhoben. Träger der amtlichen Statistik in der Bundesrepublik Deutschland ist das Statistische Bundesamt in Wiesbaden.

Zu 4. Unter **Stichproben** versteht man unvermutete Kontrollen. Es sollen Menge und Güte der Ware, evtl. die Ordnungsmäßigkeit der Lagerbuchhaltung und die zuverlässige Arbeitsweise des Lagerhalters überprüft werden.

Zu 5. Unter **Materialdisposition** versteht man u.a. die Überwachung der Warenbestände im Warenwirtschaftssystem, die Auswahl der optimalen Bestell- und Lieferzeitpunkte und die Festlegung der optimalen Bestellmenge.

§ 240 Inventar

(1) Jeder Kaufmann hat zu Beginn seines Handelsgewerbes seine Grundstücke, seine Forderungen und Schulden, den Betrag seines baren Geldes sowie seine sonstigen Vermögensgegenstände genau zu verzeichnen und dabei den Wert der einzelnen Vermögensgegenstände und Schulden anzugeben.

(2) Er hat demnächst für den Schluss eines jeden Geschäftsjahrs ein solches Inventar aufzustellen. Die Dauer des Geschäftsjahrs darf zwölf Monate nicht überschreiten. Die Aufstellung des Inventars ist innerhalb der einem ordnungsmäßigen Geschäftsgang entsprechenden Zeit zu bewirken.

Handelsgesetzbuch (HGB) – Auszug

6.04

Eine ständige ordnungsgemäße Lagerkontrolle verringert die Lagerkosten.

Die Aussagen **3.**, **5.** und **6.** sind richtig.

Zu 3. Richtig. Der Sollbestand muss durch Inventur überprüft und ggf. berichtigt werden.

Zu 5. Richtig, denn die Konkurrenzfähigkeit hängt nicht nur von Angebot und Nachfrage, sondern auch von der Qualität der Produkte ab.

Zu 6. Richtig. Qualitätsprüfungen werden zunehmend aufwändiger und umfangreicher, sodass nur geschultes Personal diese Aufgabe übernehmen kann.

3	
5	
6	

Die Aussagen **1.**, **2.** und **4.** treffen **nicht** zu.

Zu 1. Falsch. Auf der Lagerfachkarte wird der Bestand des jeweiligen Lagergutes festgehalten, nicht der Qualitätszustand.

Zu 2. Diese Aussage ist falsch. Die Lagerkontrolle umfasst alle gelagerten Waren, auch die mit hoher Umschlaghäufigkeit.

Zu 4. Diese Aussage ist falsch. Die Anzahl der Qualitätskontrollen hängt vom jeweiligen Lagergut ab.

6.05

Beim Wareneingang fallen in der Praxis folgende Arbeiten an:

1. Schritt
Prüfen der Frachtpapiere in Bezug auf Anschrift, Absender, Stückzahl (c)

2. Schritt
Kontrolle der Verpackung auf äußerliche Schäden; schriftliche Bestätigung evtl. Schäden durch den Überbringer (e)

3. Schritt
Vergleich der gelieferten mit der bestellten Menge (f)

4. Schritt
Bestätigung einer evtl. Fehlmenge durch den Überbringer (b)

5. Schritt
Ausstellen eines Wareneingangsscheines (Durchschläge für den Einkauf, Rechnungsprüfung) und des Warenbegleitscheines für das Lager (d)

6. Schritt
Unverzügliche Prüfung der Waren auf Mängel; bei großen Mengen genügt eine stichprobenartige Überprüfung (g)

7. Schritt
Einordnen der Ware in das Lager (a)

8. Schritt
Erfassen der Ware in der Lagerdatei (permanente und lückenlose Erfassung aller Lagerbewegungen) (h)

a) 7
b) 4
c) 1
d) 5
e) 2
f) 3
g) 6
h) 8

6.06

Durch die **Verpackungsverordnung** (VerpackV) sollen folgende abfallwirtschaftliche Ziele erreicht werden:

> ### § 1 Abfallwirtschaftliche Ziele
>
> Diese Verordnung bezweckt, die Auswirkungen von Abfällen aus Verpackungen auf die Umwelt zu vermeiden oder zu verringern. Verpackungsabfälle sind in erster Linie zu vermeiden; im Übrigen wird der Wiederverwendung von Verpackungen, der stofflichen Verwertung sowie den anderen Formen der Verwertung Vorrang vor der Beseitigung von Verpackungsabfällen eingeräumt. (...)

Auszug aus der Verpackungsordnung

Die Verordnung unterscheidet

– Transportverpackungen (z. B. Kartonagen, geschäumte Schalen, Schrumpffolien)

– Verkaufsverpackungen (z. B. Schachteln, Dosen, die mit der Ware als Verkaufseinheit angeboten werden)

– Umverpackungen (zusätzliche Verpackung um die Verpackung – z. B. Blister/Folien)

Für diese Verpackungsarten schreibt die Verordnung in den §§ 4 bis 7 bestimmte Rücknahmeverpflichtungen vor.

Für die Entsorgung von Verpackungen ist das „Duale System Deutschland (DSD)" zuständig. Diese Organisation vergibt den „Grünen Punkt" als Kennzeichnen für entsorgungsfähige Verpackungen und verpflichtet sich zur Abholung und Verwertung der Verpackungen. Die Kosten werden vom Verbraucher getragen.

Die Aussagen **3.** und **4.** sind richtig. 3 4

Zu 3. Mehrwegverpackungen sind Behältnisse (z. B. Glaspfandflaschen), „die nach Gebrauch einer mehrfachen erneuten Verwendung zum gleichen Zweck zugeführt werden" (VerpackV § 3 Abs. 3).

Zu 4. „§ 5. Rücknahmepflichten für Umverpackungen. (1) Vertreiber, die Waren in Umverpackungen anbieten, sind verpflichtet, bei der Abgabe der Waren an Endverbraucher die Umverpackungen zu entfernen oder dem Endverbraucher in der Verkaufsstelle oder auf dem zur Verkaufsstelle gehörenden Gelände Gelegenheit zum Entfernen und zur unentgeltlichen Rückgabe der Umverpackung zu geben. Dies gilt nicht, wenn der Endverbraucher die Übergabe der Ware in der Umverpackung verlangt; in diesem Fall gelten die Vorschriften über die Rücknahme von Verkaufsverpackungen entsprechend."

Die Aussagen **1.**, **2.** und **5.** sind **falsch.**

Zu 1. Bestimmte Transportverpackungen können recycelt oder wiederverwertet werden (z. B. Kartonagen, Paletten).

6.07

In der **Gefahrstoffverordnung** (Verordnung zum Schutz vor Gefahrstoffen – GefStoffV) vom
23. Dezember 2004 – zuletzt geändert am 12. Oktober 2007 – werden die Gefahrstoffe definiert und
u. a. Verpackungs- und Kennzeichnungsrichtlinien festgelegt.

Danach ergibt sich als Lösung zu Aufgabe 6.07:

a)  **Giftige Gefahrstoffe** können beim Einatmen, Verschlucken oder
einer Aufnahme durch die Haut erhebliche akute oder chronische
Gesundheitsschäden oder den Tod bewirken.

1

b) 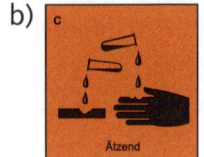 **Ätzende Gefahrstoffe** vermögen bei Berührung mit lebendem Gewebe
dessen Zerstörung zu verursachen. Sie können aber auch durch
Zerstörung von Betriebsmitteln die Unfallgefahr erhöhen.

4

c)  **Explosionsgefährliche Gefahrstoffe** sind Stoffe und Zubereitungen,
die durch Erwärmung, Feuer oder andere Zündquellen, wie Schlag oder
Reibung explosionsgefährlich reagieren.

6

d)  **Leichtentzündliche Gefahrstoffe**
Hierzu gehören:
– selbstentzündliche Stoffe
– leichtentzündliche feste oder gasförmige Stoffe
– Stoffe, die bei Berührung mit Wasser leicht Gase in
   gefährlicher Menge entwickeln
– Flüssigkeiten mit einem Flammpunkt unter 21 °C

8

6.07

Weitere Kennzeichnungssymbole von Gefahrstoffen

Zu 2.  **Sehr giftige Gefahrstoffe** und Zubereitungen, die beim Einatmen, Verschlucken oder bei der Berührung mit der Haut schwere akute oder chronische Gesundheitsschäden erzeugen können oder den Tod herbeiführen.

Zu 3.  **Reizend wirkende Gefahrstoffe**
Von ihrer Einwirkung werden in erster Linie die Haut (Hautreizstoffe), die Atmungsorgane (Atemreizstoffe) oder die Augen (Augenreizstoffe) betroffen.

Zu 5.  **Brandfördernde Gefahrstoffe** können durch Kontakt mit brennbaren Stoffen diese entzünden bzw. auch bestehende Brände ganz erheblich fördern und das Löschen erschweren.

Zu 7.  **Gesundheitsschädliche Gefahrstoffe** können nach Einatmen, Verschlucken oder Aufnahme durch die Haut Gesundheitsschäden von beschränkter Wirkung hervorrufen.

Fortsetzung auf der nächsten Seite.

6.07

Bisher galten in verschiedenen Ländern unterschiedliche Kennzeichnungsvorschriften, die den internationalen Handel erschwerten. Daher wurden die Symbole weltweit vereinheitlicht durch das **GHS** (**G**lobally **H**armonised **S**ystem of Classification and Labelling of Chemicals).

Die EU-Kommission hat im Jahr 2007 dieses System als Basis genommen für einen **Verordnungsentwurf** über die Einstufung, Kennzeichnung und Verpackung von Stoffen und Gemischen (**CLP**, regulation on **C**lassification, **L**abelling and **P**ackaging of substances and mixtures).

Alle Symbole sind durch eine rot umrahmte Raute gekennzeichnet. Verpflichtend ist die neue Kennzeichnung ab dem Jahr 2010 (für Chemikalien) bzw. 2015 (für Gemische, die diese Chemikalien enthalten).

Hier einige Beispiele der **neuen Kennzeichnungen**:

 Giftig/sehr giftig (Kategorie 1 – 3)

 Ätzend, Kategorie 1

 Ätzend (Reizend), Kategorie 2, Hautsensibilisierend

 Umweltgefährlich, Kategorie 1 – 3

 Entzündlich, Kategorie 1 – 3

Wirtschafts- und Sozialkunde

7.01

Marketing fasst alle Maßnahmen zusammen, die ein Unternehmen treffen kann, um sich systematisch einen Markt

– zu schaffen

– zu vergrößern

– zu erhalten.

Marketing-Instrumente:

1. Marktforschung

2. Marktanpassung und Marktgestaltung durch absatzpolitische Instrumente

– Produkt- und Sortimentspolitik

– Preispolitik und Konditionen

– Werbung

– Verkaufsförderung

– Absatzorganisation (Distributionspolitik)

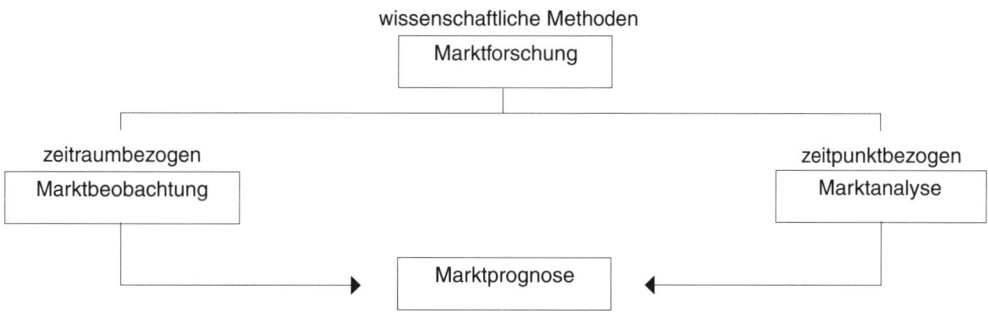

Die Aussagen **1.** und **2.** sind richtig.

| 1 | 2 |

Zu 1. Marktforschung ist die systematische Markterkundung unter Nutzung wissenschaftlicher Methoden.

Zu 2. Eine Marktprognose kann nur nach einer Marktbeobachtung und Marktanalyse erstellt werden.

Die Aussagen **3.** und **4.** sind **falsch**.

Zu 3. Umgekehrt ist die Erklärung richtig: Marktbeobachtung ist eine fortwährende Marktforschung; eine Marktanalyse wird zu einem bestimmten Zeitpunkt durchgeführt.

Zu 4. Kundengespräche und Vertreterberichte liefern keine systematischen und damit zuverlässigen Informationen. Gespräche mit Kunden und Berichte von Vertretern gehören nicht zur Marktforschung, sondern zu unsystematischen Formen der Markterkundung.

7.02

Die Marktforschung befasst sich mit der Beobachtung und der Analyse der Marktverhältnisse, indem sie Meinungen, Tatsachen und Motive erforscht. Die Informationen werden durch schriftliche und/oder mündliche Befragungen, durch Beobachtungen und Tests oder durch eine Panelerhebung (eine Personengruppe, die über einen längeren Zeitraum immer wieder über die gleiche Sache befragt wird) beschafft.

Marktbeobachtung — zeitraumbezogene Verlaufsuntersuchung, z. B. Beobachtung von Bedarfsverschiebungen oder Konkurrenzveränderungen

2

Sachverhalte durch **Marktbeobachtung**: **2.**, **3.** und **6.**

3

6

Marktanalyse — zeitpunktbezogene Bestandsaufnahme, z. B. Ermittlung der Bedarfsstruktur oder des quantitativen/qualitativen Angebots

Sachverhalte durch **Marktanalyse**: **1.**, **4.** und **5.**

7.03

Direkter Absatzweg

Der Lieferant verkauft an Kunden ohne Einschaltung eines anderen Unternehmens.
(Beispiele: Werksniederlassung, Verkauf über Reisende, Verkaufsfiliale)

5

Indirekter Absatzweg

Der Lieferant verkauft an Kunden unter Einschaltung anderer Unternehmen.
(Beispiele: Verkauf über Kommissionär, Handelsvertreter, Handelsmakler, selbstständige Einzelhändler)

Bei den Beispielen **1.**, **2.**, **3.** und **4.** handelt es sich um indirekte Absatzwege.

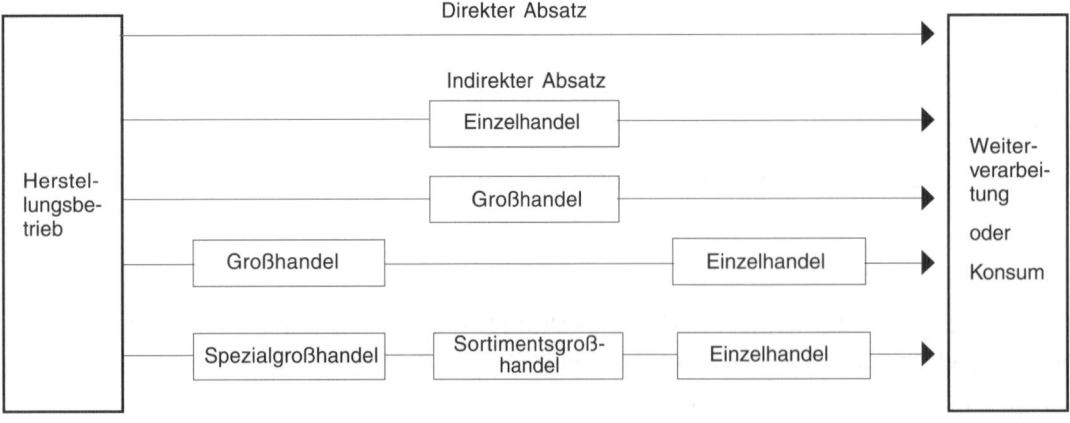

7.04

Der Absatz kann in betriebseigenen und/oder betriebsfremden Systemen erfolgen.

Zu den betriebseigenen Systemen zählen:

- Zustellung/Abholung

- Cash and Carry

- Fahrverkauf

- Telefonverkauf

- Ordersatz

- Rack Jobber

- Ausstellungen und Messen

- Reisende

Zu den betriebsfremden Systemen zählen:

- Handelsvertreter

- Handelsmakler

- Kommissionär

---

a) **Reisende.** Der Reisende ist Angestellter und erhält ein niedriges Grundgehalt (Fixkosten) und eine erfolgsabhängige Provision (variable Kosten). Er unterliegt den Weisungen seines Arbeitgebers, über die der Absatz unmittelbar gesteuert werden kann.

2

b) **Cash and Carry** (engl. to cash = zahlen, to carry = mitnehmen). Diese Absatzform gibt es im Groß- und Einzelhandel (Großabnehmer). Durch Verzicht auf jegliche Serviceleistungen kann der Absatz über den Preis beeinflusst werden.

1

c) **Rack Jobber** (Regal-Großhändler). Er mietet Regale in Fremdbetrieben (Waren- oder Kaufhäuser) und übernimmt die Regalbedienung sowie das Verkaufsrisiko. Sein Absatzvolumen wird durch die Nutzung der Vorteile (günstige Verkehrslage, zahlreiche Laufkundschaft, breites Sortiment) beeinflusst.

4

d) **Messen.** Messen geben Wiederverkäufern und Großabnehmern einen umfassenden Überblick über das Gesamtangebot einer oder mehrerer Branchen. Der Absatz erfolgt durch bereitgestellte Muster.

Arten:
- allgemeine Mustermessen, z. B. Leipziger Frühjahrsmesse
- Fach- und Branchenmessen, z. B. Internationale Spielwarenmesse Nürnberg

3

Der Zugang der Allgemeinheit kann bei Messen eingeschränkt sein, während **Ausstellungen** der Allgemeinheit zugänglich sind, z. B. Internationale Automobil-Ausstellung (IAA). Die Grenzen zwischen „Messe" und „Ausstellung" sind fließend.

7.05

a) Der **Handelsvertreter** ist Kaufmann. Wesentliches Merkmal des Handelsvertreters ist seine Selbstständigkeit, d. h., er kann im Wesentlichen seine Tätigkeit frei gestalten und seine Arbeitszeit bestimmen. Wenn dieses Merkmal fehlt, ist er kaufmännischer Angestellter und damit Arbeitnehmer. (Siehe auch § 84 HGB)

1

b) **Kommissionär** im Sinne des HGB ist, wer es gewerbsmäßig übernimmt, Waren oder Wertpapiere für Rechnung eines anderen im eigenen Namen zu kaufen oder zu verkaufen. Der Kommissionär ist verpflichtet, das übernommene Geschäft mit der Sorgfalt eines ordentlichen Kaufmannes auszuführen. (Siehe auch § 384 HGB)

2

c) Der **Handelsmakler** übernimmt gewerbsmäßig für andere Personen, ohne von ihnen aufgrund eines Vertragsverhältnisses ständig damit betraut zu sein, die Vermittlung von Verträgen über Anschaffung oder Veräußerung von Waren oder Wertpapieren, über Versicherungen, Güterbeförderungen, Schiffsmiete oder sonstige Gegenstände des Handelsverkehrs (Beispiele: Börsenmakler, Schiffsmakler, Versicherungsmakler).

3

Der Handelsmakler vertritt in der Regel nicht einseitig eine Partei, sondern beide Vertragsparteien und ist insoweit zur Neutralität verpflichtet. (Siehe auch § 93 HGB)

§ 84 Begriff des Handelsvertreters

(1) Handelsvertreter ist, wer als selbständiger Gewerbetreibender ständig damit betraut ist, für einen anderen Unternehmer (Unternehmer) Geschäfte zu vermitteln oder in dessen Namen abzuschließen. Selbständig ist, wer im wesentlichen frei seine Tätigkeit gestalten und seine Arbeitszeit bestimmen kann.

(2) Wer, ohne selbständig im Sinne des Absatzes 1 zu sein, ständig damit betraut ist, für einen Unternehmer Geschäfte zu vermitteln oder in dessen Namen abzuschließen, gilt als Angestellter.

§ 384 Pflichten des Kommissionärs

(1) Der Kommissionär ist verpflichtet, das übernommene Geschäft mit der Sorgfalt eines ordentlichen Kaufmanns auszuführen; er hat hierbei das Interesse des Kommittenten wahrzunehmen und dessen Weisungen zu befolgen.

(...)

(3) Der Kommissionär haftet dem Kommittenten für die Erfüllung des Geschäfts, wenn er ihm nicht zugleich mit der Anzeige von der Ausführung der Kommission den Dritten namhaft macht, mit dem er das Geschäft abgeschlossen hat.

Auszug aus dem Handelsgesetzbuch (HGB)

7.06

Funktionen des Großhandels sind u. a.

- **Sortimentsbildung**, d. h. Zusammenstellen kundengerechter Sortimente aus vielfältigen Produktionsprogrammen

- **Zeitüberbrückung**, d. h. bedarfsorientierte Lagerhaltung, um die Zeitspanne zwischen Produktion und Verwendung zu überbrücken

- **Markterschließung**, d. h. durch absatzpolitische Maßnahmen neue Produkte am Markt einführen

- **Mengenumgruppierung**, d. h. Kauf von großen, Verkauf in kleinen Mengen; Kauf von kleinen, Verkauf in großen Mengen.

Weitere Funktionen sind: Raumüberbrückung (Transportfunktion), Service- und Beratungsfunktion, Finanzierung (Kreditfunktion durch Verkauf auf Ziel), Verkaufsförderung.

Der Abbau von Rohstoffen, die Veredelung von Produkten sind Funktionen der Sachleistungsbetriebe; Einlagen- und Garantiegeschäfte sind Funktionen der Kreditinstitute, die Risikoabsicherung obliegt den Versicherungsunternehmen.

1
4
6
9

7.07

Aussage **2.** ist richtig.

2

> ### § 17 HGB   [Begriff]
>
> (1) Die Firma eines Kaufmanns ist der Name, unter dem er seine Geschäfte betreibt und die Unterschrift abgibt.
>
> (2) Ein Kaufmann kann unter seiner Firma klagen und verklagt werden.

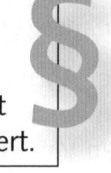

Grundsätzlich gilt

> ### § 1 HGB [Istkaufmann]
>
> (1) Kaufmann im Sinne dieses Gesetzbuchs ist, wer ein Handelsgewerbe betreibt.
>
> (2) Handelsgewerbe ist jeder Gewerbebetrieb, es sei denn, daß das Unternehmen nach Art oder Umfang einen in kaufmännischer Weise eingerichteten Geschäftsbetrieb nicht erfordert.

Daraus ergibt sich die Verplichtung, die Firma ins Handelsregister eintragen zu lassen:

> ### § 29 HGB   [Anmeldung der Firma]
>
> Jeder Kaufmann ist verpflichtet, seine Firma und den Ort seiner Handelsniederlassung bei dem Gericht, in dessen Bezirke sich die Niederlassung befindet, zur Eintragung in das Handelsregister anzumelden; er hat seine Namensunterschrift unter Angabe der Firma zur Aufbewahrung bei dem Gericht zu zeichnen.

Auch kleine Unternehmungen, z. B. Einmannbetriebe, die keinen nach Art und Umgang kaufmännisch eingerichteten Geschäftsbetrieb erfordern, können freiwillig ins Handelsregister eingetragen werden.

Ein Vorteil besteht zum Beispiel darin, dass das Unternehmen durch einen neuen Inhaber unter Beibehaltung des alten Namens fortgeführt werden kann, wenn der bisherige Geschäftsinhaber oder dessen Erben damit einverstanden sind. Außerdem können auch Einzelfirmen und Personengesellschaften Fantasiebezeichnungen oder schmückende Zusätze („Blumenstadl am Bahnhof" oder „Achmeds Mampfbude") eintragen lassen. Die Prinzipien Firmenwahrheit („Blumenstadl" muss wirklich Blumen anbieten) und Firmenklarheit (keine Verwechslung mit gleich oder ähnlich klingenden Namen) müssen gewahrt sein.

Nachteil: Es müssen evtl. Beiträge zur Industrie- und Handelskammer entrichtet werden; Änderungen der Firmenstruktur (Inhaberwechsel z. B.) müssen dem Handelsregister mitgeteilt werden.

Die Aussagen **1., 3., 4.** und **5.** sind falsch.

7.08

Durch den Einsatz moderner technischer Einrichtungen (z. B. computergesteuerte Klimaanlagen, Lichtsteuerung, Sprengleranlagen) spielen **klimatische Verhältnisse** bei der Standortwahl **keine** Rolle.

4

Bestimmungsfaktoren der Standortwahl:

Absatzorientierung   – räumliche Nähe zu den Kunden

Beschaffungsorientierung – räumliche Nähe zu den Lieferanten

Verkehrsorientierung   – Anbindung an Verkehrswege, Umschlagplätze

Sonstige Faktoren   – vorhandene Arbeitskräfte, Lohnniveau, Wirtschaftsstruktur

7.09

a) **Werkvertrag**
Durch den Werkvertrag wird der Unternehmer zur Herstellung des versprochenen Werkes, der Besteller zur Entrichtung der vereinbarten Vergütung verpflichtet (BGB § 631 Abs. 1).

4

b) **Mietvertrag**
Durch den Mietvertrag wird der Vermieter verpflichtet, dem Mieter den Gebrauch der vermieteten Sache während der Mietzeit zu gewähren. Der Mieter ist verpflichtet, dem Vermieter den vereinbarten Mietzins zu entrichten (BGB § 535).

2

c) **Kaufvertrag**
Durch den Kaufvertrag wird der Verkäufer einer Sache verpflichtet, dem Käufer die Sache zu übergeben und das Eigentum an der Sache zu verschaffen. Der Verkäufer hat dem Käufer die Sache frei von Sach- und Rechtsmängeln zu verschaffen. Der Käufer ist verpflichtet, dem Verkäufer den vereinbarten Kaufpreis zu zahlen und die gekaufte Sache abzunehmen (BGB § 433, Abs. 1 + 2).

3

d) **Leihvertrag**
Durch den Leihvertrag wird der Verleiher einer Sache verpflichtet, dem Entleiher den Gebrauch der Sache unentgeltlich zu gestatten (BGB § 598).

1

7.10

Aussage **1.** ist richtig.

1

Einteilung der Rechtsgeschäfte:

a) Einseitige Rechtsgeschäfte (Willenserklärung einer Person)
   - nicht empfangsbedürftig (z. B. Testament)
   - empfangsbedürftig (z. B. Kündigung)

b) Mehrseitige Rechtsgeschäfte (übereinstimmende Willenserklärungen von mindestens zwei Personen)
   - Verpflichtungsgeschäfte (Verträge)
     • einseitig verpflichtende Verträge (z. B. Bürgschaftsvertrag zwischen Bürge und Gläubiger; der Bürge verpflichtet sich für die Erfüllung der Verbindlichkeit des Hauptschuldners einzustehen).
     • mehrseitig verpflichtende Verträg (z. B. Kauf, Miete, Leasing)
   - Erfüllungsgeschäfte (Verfügungsgeschäfte)
   - Lieferung und Eigentumsübertragung (Einigung und Übergabe)

Alle anderen Aussagen betreffen zweiseitig verpflichtende Rechtsgeschäfte.

© Erich Schmidt Verlag

ZAHLENBILDER
128 035

Wer **geschäftsfähig** ist, kann ein Rechtsgeschäft abschließen und dadurch ein Rechtsverhältnis nach seinem Willen begründen und gestalten. Wesentlicher Bestandteil eines Rechtsgeschäfts sind eine oder mehrere **Willenserklärungen**, die auf einen bestimmten rechtlichen Erfolg abzielen. Man unterscheidet zwischen einseitigen und mehrseitigen Rechtsgeschäften. **Einseitige Rechtsgeschäfte** enthalten nur eine Willenserklärung, die entweder schon bei Abgabe rechtswirksam sein kann (Testament) oder erst nach Empfang durch einen anderen wirksam wird (Kündigung). **Mehrseitige Rechtsgeschäfte** (Verträge) kommen durch übereinstimmende Willenserklärungen von zwei oder mehr Beteiligten zustande. Für das Zustandekommen eines Rechtsgeschäfts gibt es im Allgemeinen keine Formvorschriften. In bestimmten Fällen (Bürgschaft, Testament, Grundstückskauf) schreibt das Gesetz jedoch eine Form vor (z. B. Schriftform, notarielle Beurkundung). **Nichtig** und damit rechtlich unwirksam sind Rechtsgeschäfte, die gegen gesetzliche Verbote oder die guten Sitten verstoßen oder bei denen es sich um ein Schein- oder Scherzgeschäft handelt. Gleiches gilt für Willenserklärungen, die von einer geschäftsunfähigen Person (z. B. einem Kind unter 7 Jahren) abgegeben werden. Dagegen sind Willenserklärungen, die unter Drohung, durch Täuschung, auf Grund eines Irrtums oder eines Übermittlungsfehlers zustande kommen, nicht von vornherein nichtig, sondern lediglich **anfechtbar**. Wegen Irrtums kann ein Rechtsgeschäft nur angefochten werden, wenn ein Partner z. B. auf Grund eines Schreibfehlers eine Erklärung abgegeben hat, die er so überhaupt nicht abgeben wollte.

7.11

Das **Privatrecht** regelt die rechtlichen Beziehungen von untereinander **gleichgeordneten** Personen (z. B. Kaufvertragspartner).

Bereiche des privaten Rechts sind u. a.:

- Handelsrecht
- Bürgerliches Recht
- Ausbildungsvertragsrecht

Das **öffentliche Recht** regelt die rechtlichen Beziehungen des Einzelnen zur Gesellschaft nach dem Grundsatz der Über- bzw. Unterordnung (z. B. Steuerrecht).

Bereiche des öffentlichen Rechts sind u. a.:

- Straßenverkehrsordnung
- Strafrecht
- Verfassungsrecht

2

3

5

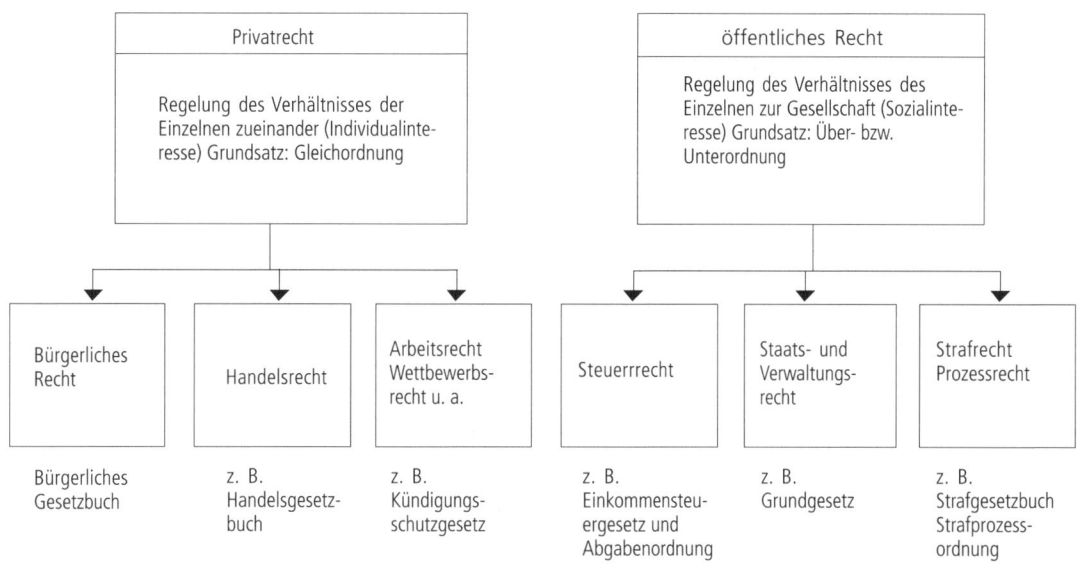

7.12

Geschäftsfähigkeit bedeutet die Fähigkeit, Rechtsgeschäfte selbstständig und rechtswirksam abschließen zu können.

Voll geschäftsfähig sind grundsätzlich alle volljährigen Personen.

In bestimmten Fällen, z. B. bei psychischer Krankheit, kann die Geschäftsfähigkeit durch eine „Betreuung" eingeschränkt werden; dies gilt aber nicht automatisch. Eine Betreuung schränkt nicht zwangsläufig die Geschäftsfähigkeit einer volljährigen Person ein. Nur in bestimmten Fällen können Gerichte einen „Einwilligungsvorbehalt" anordnen. Nach fünf Jahren wird gerichtlich geprüft, ob eine Betreuung noch erforderlich ist.

Beschränkt geschäftsfähig sind Minderjährige vom vollendeten 7. Lebensjahr an bis zum vollendeten 18. Lebensjahr. (Siehe § 106 BGB)

Geschäftsunfähig ist,
1. wer nicht das siebente Lebensjahr vollendet hat;
2. wer sich in einem Zustand dauernder Geistesgestörtheit befindet (siehe § 104 BGB).

In bestimmten Fällen sind Willenserklärungen nichtig:

---

§ 105

(1) Die Willenserklärung eines Geschäftsunfähigen ist nichtig.

(2) Nichtig ist auch eine Willenserklärung, die im Zustande der Bewusstlosigkeit oder vorübergehender Störung der Geistestätigkeit abgegeben wird.

Bürgerliches Gesetzbuch (BGB) – Auszug

Die Feststellungen **2.** und **3.** sind **nicht** zutreffend.   `2` `3`

Zu 2. Die volle Geschäftsfähigkeit beginnt erst nach Vollendung des 18. Lebensjahres, wenn keine Einschränkungen erfolgen. Zu unterscheiden ist die Geschäftsfähigkeit von der **Rechtsfähigkeit**: Rechtsfähigkeit bedeutet die Fähigkeit des Menschen, Träger von Rechten und Pflichten zu sein. Die Rechtsfähigkeit beginnt mit der Geburt und endet mit dem Tod.

Zu 3. Nur Minderjährige vom vollendeten 7. bis zum vollendeten 18. Lebensjahr sind beschränkt geschäftsfähig. Wer das 7. Lebensjahr noch nicht vollendet hat, ist geschäftsunfähig.

Die Feststellungen **1.**, **4.**, **5.** und **6.** sind zutreffend.

Zu 4. Wenn beschränkt Geschäftsfähige Willenserklärungen ohne Einwilligung des gesetzlichen Vertreters abgeben, sind diese Erklärungen schwebend unwirksam: Der gesetzliche Vertreter kann – binnen 2 Wochen – der Erklärung widersprechen und sie damit unwirksam werden lassen.

Zu 5. Die volle Geschäftsfähigkeit beginnt mit dem vollendeten 18. Lebensjahr (Beginn des 19. Lebensjahres), sofern sie nicht in Ausnahmefällen eingeschränkt wird (u. U. auch zeitlich begrenzt, durch „Betreuung", siehe dazu oben stehende Erklärungen).

Zu 6. Kinder vor Vollendung des 7. Lebensjahres sind geschäftsunfähig. Willenserklärungen von Geschäftsunfähigen sind nichtig.

Siehe Schaubild auf der nächsten Seite.

7.12

Fortsetzung

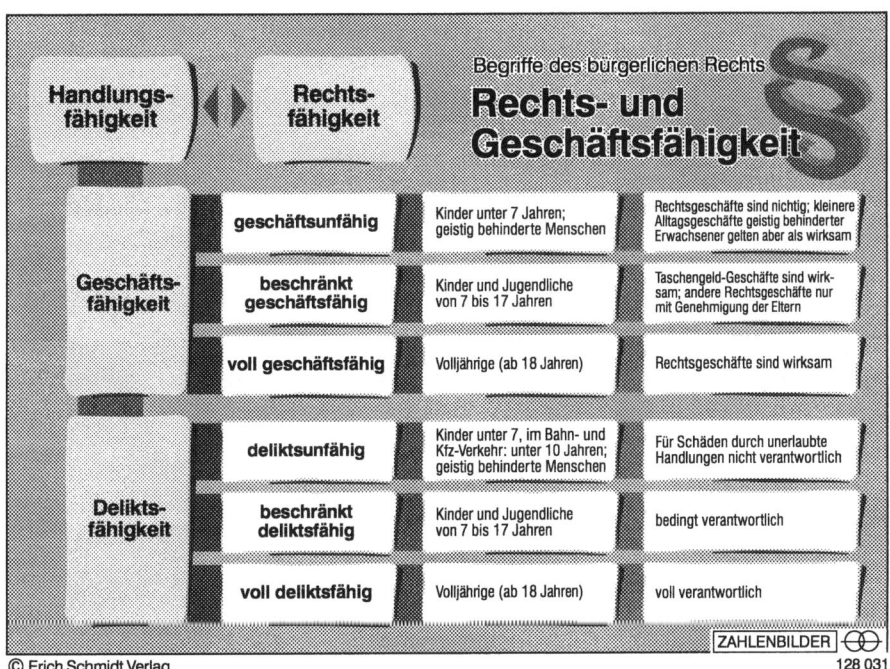

© Erich Schmidt Verlag

7.13

Mit dem Abschluss eines Kaufvertrages (Verpflichtungsgeschäft) verpflichten sich beide Vertragspartner, den Vertrag zu erfüllen (Erfüllungsgeschäft).

Der **Verkäufer** verpflichtet sich

– die Ware zur rechten Zeit, am richtigen Ort, in der richtigen Art und Weise zu liefern und zu übereignen

– den Kaufpreis anzunehmen.

4

Der **Käufer** verpflichtet sich

– die ordnungsgemäß gelieferte Ware anzunehmen und zu prüfen

– den Kaufpreis vereinbarungsgemäß zu zahlen.

Die Antworten **1., 3. und 5.** gehören zu den Pflichten des Käufers.

Antwort **2.** ist Voraussetzung für das Zustandekommen eines Kaufvertrages.

7.14

Ein Vertrag entsteht durch inhaltlich übereinstimmende Willenserklärungen von mindestens zwei voll geschäftsfähigen Rechtssubjekten. Vertragsfreiheit bedeutet, dass die Inhalte im Rahmen der Rechtsordnung frei ausgehandelt werden können. Aussage **3.** beschreibt den Grundsatz der Vertragsfreiheit also richtig.

3

Die Aussagen **1.**, **2.**, **4.** und **5.** geben den „Grundsatz der Vertragsfreiheit" **nicht** richtig wieder.

Zu 1. Der Grundsatz der Vertragsfreiheit gilt für alle voll geschäftsfähigen Personen.

Zu 2. Für den Abschluss von Immobilienkaufverträgen ist die Vertragsfreiheit durch den Zwang zur notariellen Beurkundung des Vertrages eingeschränkt.

Zu 4. Bei öffentlich-rechtlichen Einrichtungen (z. B. Stadtwerke) werden dem Benutzer Vertragsbedingungen vorgegeben.

Zu 5. Die Mindestinhalte des Ausbildungsvertrages werden im Berufsbildungsgesetz § 4 vorgeschrieben.

7.15

Die Beschreibung zu **1.** ist **nicht** zutreffend. 1

Zu 1. **Absatzgroßhandel**: Der Absatzgroßhändler kauft vom Hersteller/Erzeuger große Mengen und
und entlastet damit dessen Lagerhaltung. Dem Einzelhändler ermöglicht er eine sofortige Waren-
zu 5. beschaffung aus einem breit gestreuten Sortiment.

Beispiel: optimale Bedienung des HiFi-Marktes

Zu 2. **Aufkaufgroßhandel**: Der Aufkaufgroßhändler kauft von vielen Betrieben kleine Mengen und
liefert sie in großen Mengen an Produktionsunternehmen. Er sorgt damit für einen Ausgleich
zwischen den Absatz-/Beschaffungsmärkten.

Beispiel: Vermarktung landwirtschaftlicher Erzeugnisse; Wiederverwertung von Schrott.

Zu 3. **Produktionsverbindungsgroßhandel**: Der Produktionsverbindungsgroßhändler bedient zwei
aufeinander folgende Produktionsstufen.

Beispiel: Ankauf von unfertigen Erzeugnissen zur Belieferung der weiterverarbeitenden
Industrie (Ankauf von Beschlägen für die Möbelindustrie).

Zu 4. **Cash-and-Carry (Zahlen und Mitnehmen):** Eine Betriebsform, bei der der Kunde die Ware ohne
Service auswählt, bar zahlt und selbst transportiert.

Beispiel: Backwaren (Back-Factory).

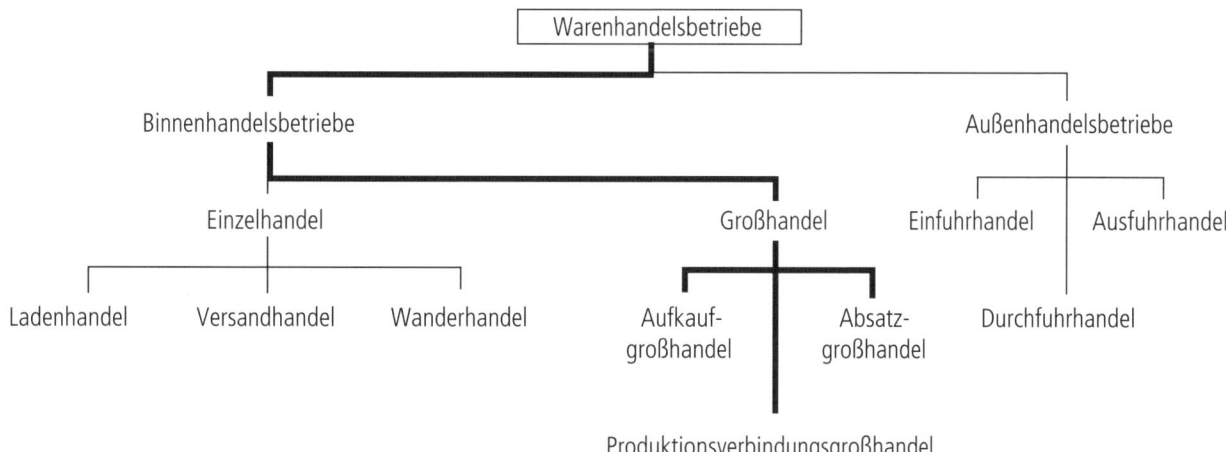

7.16

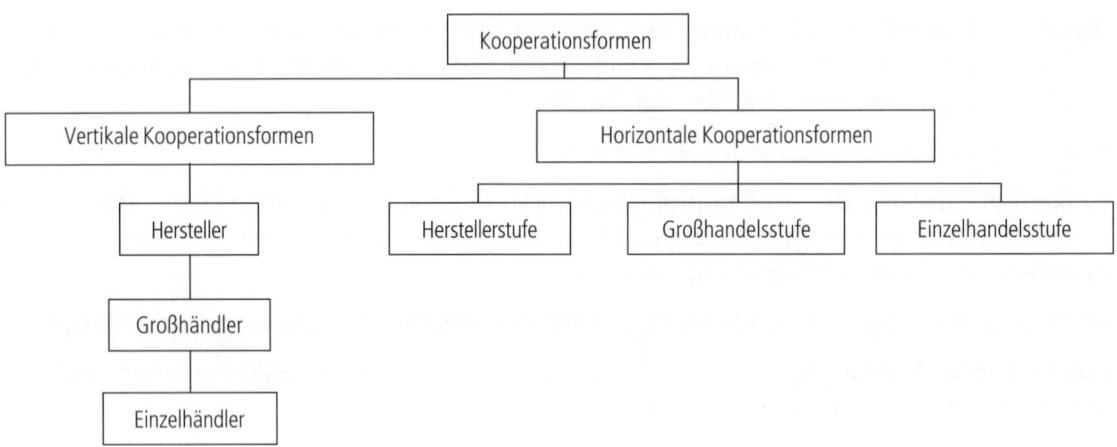

Vertikale Kooperationsform:
Zusammenarbeit von Unternehmen verschiedener Wirtschaftsstufen

Horizontale Kooperationsform:
Zusammenarbeit von Unternehmen der gleichen Wirtschaftsstufe

Rack Jobber (Regalgroßhändler):
Er ist ein Großhändler/Hersteller, der Regale in Einzelhandelsgeschäften mietet. Er füllt die Regale mit bestimmten Sortimentsartikeln, übernimmt die Warenpflege und trägt das Verkaufsrisiko (u. a. Rücknahme nicht verkaufter Produkte).

Vorteile für den Einzelhändler:
Er erweitert ohne Risiko sein Sortiment, verkauft die Waren auf Rechnung des Rack-Jobbers und erhält dafür eine Umsatzprovision.

Zu 2. Der Aufkaufgroßhändler kauft in kleinen und verkauft in großen Mengen (siehe Aufgabe 7.15)

Zu 3. Der Kommissionär ist ein selbstständiger Kaufmann, der gewerbsmäßig Waren in eigenem Namen auf fremde Rechnung (des Kommittenten) kauft oder verkauft (HGB § 383).

Zu 4. Der Produktionsverbindungsgroßhändler verbindet zwei aufeinander folgende Produktionsstufen (siehe Aufgabe 7.15).

Zu 5. Cash-and-Carry (Zahlen und Mitnehmen) ist eine Betriebsform, bei der der Kunde die Ware ohne Service auswählt, bar zahlt und selbst transportiert (sowohl im Großhandel als auch bei großflächigen Unternehmen des Einzelhandels üblich).

7.17

Das Handelsregister ist das ordentliche Verzeichnis aller Kaufleute eines Amtsgerichtsbezirks. In **Abteilung A** werden alle Einzelunternehmen und Personengesellschaften, in **Abteilung B** alle Kapitalgesellschaften eingetragen. Die Einreichung, Speicherung, Bekanntmachung und Abruf erfolgt elektronisch (Gesetz über das elektronische Handels- und Genossenschaftsregister – EHUG).

4

Einzutragen sind:

– die Firma
– der Geschäftssitz
– der Gegenstand der Unternehmung (nur bei Kapitalgesellschaften)
– Inhaber bzw. Gesellschafter
– das gezeichnete Kapital (nur bei Kapitalgesellschaften)
– Geschäftsführer bzw. Vorstand
– Prokuristen
– Liquidation, Insolvenz

Die Eintragungen sind entweder

– konstitutiv (rechtserzeugend) oder
– deklaratorisch (rechtsbezeugend).

Die Aussagen **1., 2., 3.** und **5.** sind falsch.

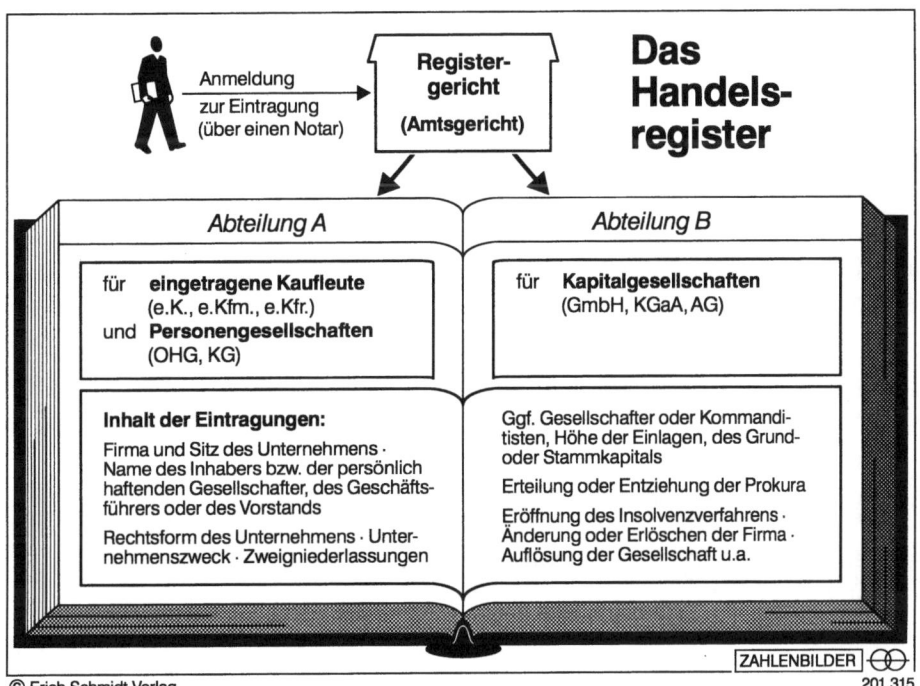

Wer ein ins Handelsregister eingetragenes Unternehmen führt, ist „Kaufmann" oder „Kauffrau".

Auch kleine Unternehmungen, z. B. Einmannbetriebe, die keinen nach Art und Umfang kaufmännisch eingerichteten Geschäftsbetrieb erfordern, können freiwillig ins Handelsregister eingetragen werden.

Vorteil: Das Unternehmen kann durch einen neuen Inhaber unter Beibehaltung des alten Namens fortgeführt werden.

Nachteil: Es müssen evtl. Beiträge zur Industrie- und Handelskammer entrichtet werden; Änderungen der Firmenstruktur (Inhaberwechsel z. B.) müssen dem Handelsregister mitgeteilt werden.

7.18

Eine **Personengesellschaft** liegt vor, wenn sich mehrere Personen zu einer Gesellschaft zusammengeschlossen haben, bei der die Mitgliedschaft auf die Person und die einzelnen Gesellschafter zugeschnitten ist. Merkmale: Persönliche Haftung der Gesellschafter für die Schulden, persönliche Mitarbeit, Übertragbarkeit und Vererbbarkeit der Mitgliedschaft grundsätzlich nur mit Zustimmung der anderen Gesellschafter.

Im Gegensatz dazu ist bei der **Kapitalgesellschaft** die Mitgliedschaft auf die reine Kapitalbeteiligung und nicht auf persönliche Mitarbeit der Gesellschafter zugeschnitten. Merkmale: Anteil grundsätzlich frei veräußer- und vererbbar, keine persönliche Haftung der Gesellschafter, keine persönliche Mitarbeit bei der Geschäftsführung notwendig, Kapitalgesellschaften sind rechtsfähig.

Die Gesellschaften mit den Kennziffern **1.**, **3.**, und **4.** sind **Personengesellschaften**. | 1 | 3 | 4 |

Zu 1. Die **GmbH & Co KG** ist eine Personengesellschaft, ohne dass eine natürliche Person voll haftet. (Der Vollhafter ist eine juristische Person = GmbH.)

Zu 3. Die **OHG** ist eine Personengesellschaft. Alle Gesellschafter haften den Gesellschaftsgläubigern gegenüber unbeschränkt.

Zu 4. Die **Kommanditgesellschaft** ist eine Personengesellschaft. Sie unterscheidet sich von der OHG dadurch, dass bei einem Teil der Gesellschafter die Haftung gegenüber den Gesellschaftsgläubigern auf einen bestimmten Betrag begrenzt ist (Kommanditisten). Die unbeschränkt haftenden Gesellschafter werden als Komplementäre bezeichnet.

Die Gesellschaften mit den Kennziffern **2.**, **5.** und **6.** sind **Kapitalgesellschaften**.

Zu 2. Die **GmbH** ist eine Kapitalgesellschaft. Die Gesellschafter haften für die Verbindlichkeiten der GmbH nicht persönlich, sondern es haftet die GmbH als juristische Person allein. Das Mindestkapital beträgt 25.000 EUR, siehe dazu auch die Erläuterung zur Lösung 7.19.

Zu 5. Die **KGaA** ist eine Kapitalgesellschaft. Mindestens ein Gesellschafter haftet den Gesellschaftsgläubigern gegenüber unbeschränkt, ansonsten ist sie rechtlich als besondere Art der Aktiengesellschaft ausgestattet.

Zu 6. Die **Aktiengesellschaft** ist eine Kapitalgesellschaft. Sie weist ein in Aktien zerlegtes Grundkapital auf. Für die Verbindlichkeiten der AG haftet den Gläubigern gegenüber lediglich das Gesellschaftsvermögen.

Zu 7. Die **Genossenschaft** ist eine Gesellschaft mit nicht geschlossener Mitgliederzahl. Ziel: Förderung des Erwerbs oder der Wirtschaft ihrer Mitglieder (Genossen) mittels eines gemeinsamen Geschäftsbetriebes. Für die Verbindlichkeiten der Genossenschaft haftet nur das Vermögen der Genossenschaft.

Fortsetzung auf der nächsten Seite.

Fortsetzung

Personengesellschaften	Kapitalgesellschaften

• Offene Handelsgesellschaft (OHG)
  HGB §§ 105–160
	• Aktiengesellschaft (AG)
	  Aktiengesetz (AktG) §§ 1–273

• Kommanditgesellschaft (KG)
  HGB §§ 161–177a
	• Kommanditgesellschaft auf Aktien (KGaA)
	  Aktiengesetz (AktG) §§ 278–291

• Stille Gesellschaft
  HGB §§ 230–236
	• Gesellschaft mit beschränkter Haftung (GmbH)
	  GmbH-Gesetz (GmbHG) §§ 1–72

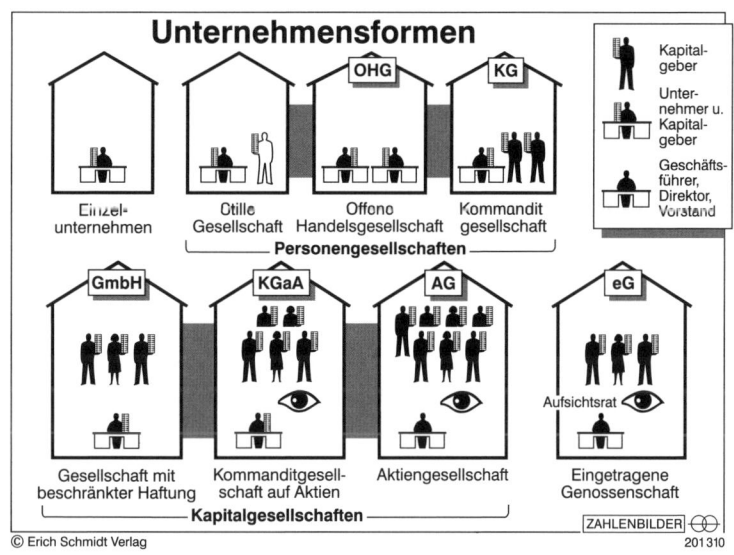

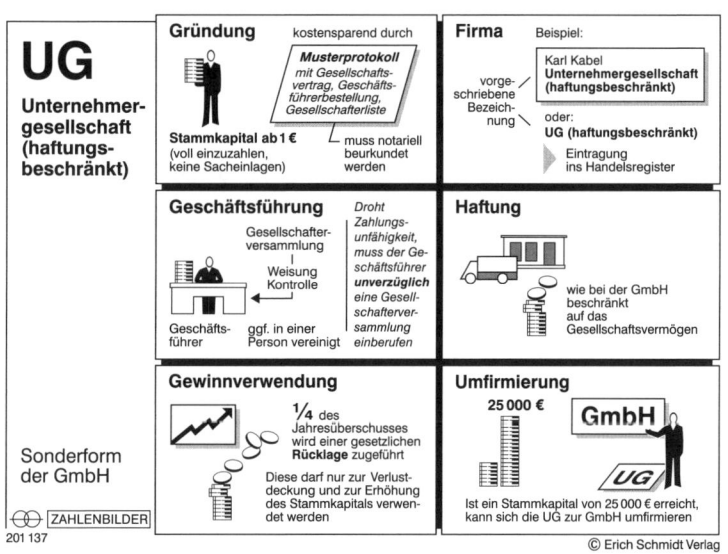

7.19

Kapitalgesellschaften sind die Aktiengesellschaft (AG), die Gesellschaft mit beschränkter Haftung (GmbH) und die Kommanditgesellschaft auf Aktien (KGaA). Die Rechtsform ist Bestandteil der Firma.

Merkmale:

- alle Gesellschaften haften nur mit ihrer Einlage (Ausnahme: Komplementär bei der KGaA)

- bei der AG ist ein Mindestkapital von 50 TEUR, bei der GmbH von 25 TEUR vorgeschrieben

- die Kapitalanteile sind leicht erwerbbar und veräußerlich

- die Unternehmensleitung wird einem Organ (Vorstand oder Geschäftsführer/-führung) übertragen

- die Gewinnverteilung wird von der Haupt-/Gesellschafterversammlung beschlossen.

5

Rechtlich handelt es sich bei den Kapitalgesellschaften um Körperschaften des privaten Rechts, also um juristische Personen.

7.20

a) Zur Gründung einer Genossenschaft (eG) sind mindestens drei Gründer erforderlich. — 1

b) Gewinne werden grundsätzlich gemäß Vertrag verteilt. Hilfsweise schlägt das HGB für die Offene Handelsgesellschaft (OHG) vor: 4 % von der Einlage, der Rest nach Köpfen (HGB § 121). — 5

c) Bei einer Kommanditgesellschaft (KG) unterscheidet man zwischen Komplementär und Kommanditisten; die Kommanditisten sind von der Führung der Geschäfte ausgeschlossen (HGB § 164). — 6

d) Die Organe der GmbH (§ 52 GmbHG) sind
   - der Geschäftsführer
   - der Aufsichtsrat (bei mehr als 500 Arbeitnehmern)
   - Gesellschafterversammlung (§ 52 GmbHG)

3

Zu 2. Durch das „Gesetz für kleine Aktiengesellschaften und zur Deregulierung des Aktienrechts" vom 2. August 1994 sowie durch das „Finanzmarktförderungsgesetz" vom 26. Juli 1994 ist die Mindestgründerzahl bei Aktiengesellschaften auf 1 Person herabgesetzt worden.

8.01

Die Organisation ist die Summe aller Regelungen im Betrieb; man unterscheidet die Aufbau- und die Ablauforganisation.

Aufbauorganisation

Die Aufbauorganisation soll eine zielgerichtete und kostengünstige Ordnung der Aufgabenträger in einer Unternehmung gewährleisten, indem sie die Verteilung von Teilaufgaben auf die Organisationseinheiten (Stelle, Stab, Abteilung, Sparte) festlegt. Diese Gliederung zeigt die Rangordnung im Unternehmen, das in einem **Organigramm** grafisch dargestellt wird.

2

Ablauforganisation

Die Ablauforganisation soll eine zielgerichtete und kostengünstige Ordnung der Arbeits- und Bewegungsabläufe in Raum und Zeit in einer Unternehmung gewährleisten. Sie legt die Reihenfolge der Einzelarbeiten fest und prüft die Möglichkeit, Tätigkeiten parallel durchzuführen.

Zu 1., 3., 4. und 5.

Das Gestalten von Vordrucken, das Erstellen von Netzplänen und Dateien sowie die Raum- und Arbeitsplatzgestaltung werden von der Ablauforganisation geregelt.

8.02

Die Ablauforganisation stellt das betriebliche Geschehen dar und regelt die immer wiederkehrenden Arbeitsabläufe nach folgenden Gesichtspunkten:

- optimale zeitliche und räumliche Koordination der Einzelaufgaben

- Reduzierung der Durchlaufzeiten und Transportwege

- optimale Auslastung der Mitarbeiter und der Arbeitsmittel.

2

Zu 1. Der Netzplan ist ein Hilfsmittel der Planung, Steuerung und Kontrolle eines Projektes.

Zu 3. Die Verteilung der einzelnen Aufgaben (Teilaufgaben) auf die Mitarbeiter sowie die
und 5. Zusammenfassung von Stellen mit verwandten Aufgaben zu Abteilungen werden von der Aufbauorganisation geregelt.

Zu 4. Die zeitliche und räumliche Koordination der Arbeitsabläufe ist nicht das einzige Ziel der Ablauforganisation (siehe oben).

8.03

Zu den Grundformen der Aufbauorganisation gehören

- das Einliniensystem
- das Mehrliniensystem und
- das Stab-Linien-System

`2`

Die Abbildung zeigt das **Stab-Linien-System**.

Das Stab-Linien-System zeigt die Ausführung von Tätigkeiten in der Linie und die Beratung der ausführenden Stellen im Stab. In der Linie sind Verantwortungsbereich und Weisungsbefugnis festgelegt; durch die beratende Information des Stabes werden Entscheidungssicherheit und Leistungsfähigkeit erhöht.

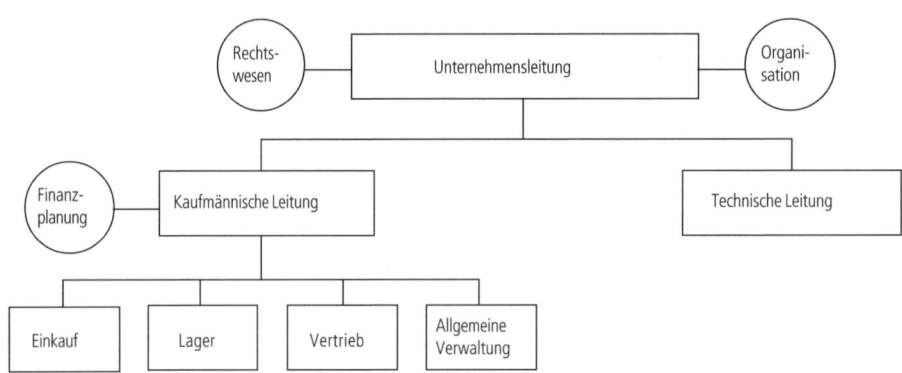

Zu 1. Im **Einliniensystem** werden Anweisungen von einer Stelle zu den ausführenden Stellen weitergegeben.

Zu 3. Im **Mehrliniensystem** (auch Funktionalsystem genannt) erhalten die Stellen Anweisungen von mehreren „Funktionsvorgesetzten" (Modell Taylor).

Zu 4. Die **Matrixorganisation** kennt zwei Führungsebenen: projektbezogene Führungskräfte („Produktspezialist") und funktionsbezogene Führungskräfte („Funktionsspezialist").

Zu 5. In der **Divisionalorganisation** wird die Weisungsfunktion auf die Produktgruppenleiter delegiert.

8.04

a) Der **Organisationsplan** eines Unternehmens stellt dessen organisatorischen Aufbau dar.

Er zeigt im Einzelnen:

- den strukturierten Aufbau des Unternehmens
(ausführende Stellen, Stabsstellen, Leitungsebene)

- die Über- und Unterordnungsverhältnisse
(Weisungs- und Entscheidungsbefugnisse)

- das Netz der Verbindungslinien der organisatorischen Einheiten untereinander
(Organisationssystem, z. B. Mehrliniensystem)

- weitere Angaben zu den Abteilungen
(z. B. Gliederung der Aufgaben)

Daraus geht hervor, dass der Ablauf der einzelnen Tätigkeiten **nicht** aus dem Organisationsplan zu ersehen ist.

4

b) In der Aufbauorganisation unterscheidet man zwischen Linie und Stab.

Die Zugehörigkeit zur Linie regelt u. a. Zuständigkeitsfragen; Linien haben Weisungsbefugnis. Der Umfang der Weisungsbefugnis ist in einem Organigramm dargestellt.

Stabstellen treffen keine Entscheidungen, ihnen obliegt im Wesentlichen die beratende und informierende Unterstützung der Linie.

Bei den folgenden Abteilungen handelt es sich um Stabstellen:

- Revision   3
- Rechtsabteilung   5
- PR-Abteilung   7

Alle anderen in der Aufgabe genannten Abteilungen gehören zur Linie.

8.05

Eine Stellenbeschreibung enthält

- die Bezeichnung der Stelle

- die Aufgaben, deren Bewältigung dem Stelleninhaber obliegt

- die an ihn gestellten Anforderungen

- die Befugnisse des Stelleninhabers

- die Eingliederung der Stelle in den Stellenplan (Organisationsgefüge)

- die Vertretung des Stelleninhabers

Sie ermöglicht

- ein eindeutiges Festlegen der Rechte und Pflichten des Stelleninhabers

- eine Kontrolle

- eine Objektivierung der Gehaltsstruktur im Unternehmen.

Die Urlaubsdauer wird im Bundesurlaubsgesetz/Manteltarifvertrag festgelegt; der Zeitpunkt ggf. durch eine Betriebsvereinbarung geregelt.

2

8.06

Job enlargement (→Aufgabenerweiterung)

Durch job enlargement vergrößert sich das Arbeitsfeld durch Hinzufügen qualitativ gleichwertiger Aufgaben. Dadurch kann die starke Unterteilung eines Arbeitsganges aufgehoben und dem Mitarbeiter eine weitgehend abgeschlossene Aufgabe zugeteilt werden (horizontale Erweiterung).

Job enrichment (→Tätigkeitsbereicherung)

Durch die Ausweitung der Arbeitsinhalte sowohl in horizontaler Sicht – wie beim job enlargement – als auch vertikal, wird der Entscheidungs- und Verantwortungsspielraum des Mitarbeiters erhöht. Dadurch können sich persönliche Erfolgserlebnisse ergeben; Monotonie und einseitige Belastung lassen sich abbauen.

a) 3

b) 1

c) 4

d) 2

Job rotation (→Arbeitsplatzwechsel)

Durch einen planvollen Wechsel des Arbeitsplatzes und der Arbeitsaufgaben sollen die Kenntnisse und Erfahrungen des Mitarbeiters systematisch erweitert sowie die Flexibilität erhöht werden.

Fortsetzung auf der nächsten Seite.

8.06

Fortsetzung

Job sharing (→Arbeitsplatzteilung)

Unter job sharing versteht man die Aufteilung eines oder mehrerer Arbeitsplätze auf eine Anzahl von Mitarbeitern, die größer als die Zahl der Arbeitsplätze ist. Job sharing kommt in zwei Formen vor,

- als zeitliche Aufteilung auf mehrere Mitarbeiter, wobei die Anforderungsprofile gleich sind

- als funktionale Aufteilung, wobei ein Mitarbeiter nur bestimmte Funktionen übernimmt, während die – meist geringer qualifizierten – Funktionen von anderen übernommen werden.

Jobsharing-Arbeitsverhältnisse sind eine Sonderform der Arbeitsverhältnisse in Teilzeitbeschäftigung.

8.07

Management by Objectives (Führung durch Zielvereinbarung)

Jeder Vorgesetzte einigt sich mit seinen Mitarbeitern auf klare Zielvorgaben. So wird ein hierarchisches System von Unterzielen entwickelt. Das Handeln der Mitarbeiter wird an den Zielen gemessen durch einen Soll-Ist-Vergleich. Dieses System verlangt kreative, eigenverantwortliche Mitarbeiter.

Antwort **3.** ist richtig.

3

Zu 1. Unter **Kollegialprinzip** versteht man, dass die Führung gleichberechtigt in den Händen der Arbeitnehmer liegt.

Zu 2. Management by Exception (Führung durch Ausnahmeentscheidungen)
Dieser Führungsstil setzt eine verstärkte Delegation von Entscheidungen auf die unteren Ebenen voraus. Der Vorgesetzte wird von Ausführungsaufgaben entlastet. Es werden klare Ziele, Aufgaben, Kompetenzen übertragen. Der Vorgesetzte entscheidet nur noch in Fällen, die organisatorisch nicht regelbar sind, in Ausnahmesituationen, die außerhalb des vorgegebenen Ermessensspielraums liegen. Eine Gefahr liegt darin, dass der Vorgesetzte nur noch als „Notfeuerwehr" tätig wird.

Zu 4. Das **Direktorialprinzip** entspricht der patriarchalischen Führungsstruktur und ist in der Regel auf die beherrschende Rolle einer Person ausgerichtet.

Zu 5. Management by Delegation (Führung durch Übertragung von Verantwortung; Harzburger Modell)
Dieses Modell ist eine Anleitung zur Einführung des kooperativen Führungsstils. Es fordert, dass die Mitarbeiter einen eigenen, festen Aufgabenbereich erhalten. Dazu erhalten sie die für die Aufgabenerfüllung notwendigen Kompetenzen. Die Verantwortung wird ebenfalls auf den Mitarbeiter delegiert. Der erforderliche organisatorische Rahmen wird durch die Stellenbeschreibung und durch die allgemeine Führungsanweisung geschaffen.

8.08

a) Amtsgericht

Das Amtsgericht ist die unterste Instanz der ordentlichen Gerichtsbarkeit für Zivil-/Strafsachen. Im wirtschaftlichen Bereich obliegt ihm u. a.
- die Führung des Handels-/Genossenschaftsregisters
- die Durchführung des gerichtlichen Mahnverfahrens
- die Durchführung von Insolvenzverfahren

4

b) Industrie- und Handelskammer

Die Industrie- und Handelskammern sind Körperschaften des öffentlichen Rechts. Ihre Aufgaben sind u. a.
- Interessenvertretung ihrer Mitglieder gegenüber kommunalen Instanzen
- Regelung und Überwachung der Berufsausbildung
- Schlichtung von Wettbewerbsstreitigkeiten

5

c) Amt für Arbeitsschutz (und Sicherheitstechnik)

Diese Behörde (früher: Gewerbeaufsichtsamt) überwacht die Einhaltung der Gewerbeordnung
- insbesondere der Arbeitsschutzbestimmungen, wie Mutterschutz, Jugendarbeitsschutz, Hygienevorschriften

1

d) Berufsgenossenschaft

Die Berufsgenossenschaft ist Träger der Unfallversicherung im Rahmen der Sozialversicherungspflicht. Zu den Leistungen gehören u. a.:
- Erlassen von Unfallverhütungsvorschriften und deren Überwachung
- Heilbehandlung bei Arbeitsunfällen oder Berufskrankheiten
- Rehabilitationsmaßnahmen

7

e) Agentur für Arbeit

Die Agentur für Arbeit ist die örtliche Verwaltungsstelle der Bundesagentur für Arbeit in Nürnberg. Zu den Leistungen gehören u. a.
- Berufsberatung (BIZ)
- Arbeitsvermittlung
- Finanzierung von Umschulungsmaßnahmen aufgrund geringer Vermittlungsschancen im bisher erlernten Beruf
- Zahlung von Arbeitslosengeld

8

f) Finanzamt

Das Finanzamt ist für die Einhaltung der Steuergesetze und deren Durchführungsverordnungen zuständig.

2

g) Krankenkasse

Die Krankenkasse zieht die SV-Beiträge der Versicherten ein und leitet diese an die zuständigen Träger weiter. Leistungen der Krankenkassen sind u. a.
- Krankenhilfe (z. B. ambulante Arztbehandlung, Krankenhauspflege)
- Vorsorgeuntersuchungen
- Mutterschaftshilfe

6

h) Gemeindebehörde

Die Gemeindebehörde (Magistrat, Landratsamt) übernimmt Aufgaben der kommunalen Selbstverwaltung. Dazu gehören u. a. die Führung der Einwohnerstatistik, die Genehmigung von Bauvorhaben und die jährliche Erstellung der Lohnsteuerkarte.

3

8.09

Für die Angaben mit den Kennziffern **3.**, **5.** und **6.** sind die Gewerkschaften und Arbeitgeberverbände zuständig.

Gewerkschaften sind Vereinigungen von Arbeitnehmern, die deren Interessen gegenüber den
Arbeitgebern und der Gesellschaft vertreten. Die Mitgliedschaft ist freiwillig. Sie sind in Deutschland

- nach Industriezweigen (DGB, Deutscher Gewerkschaftsbund)

- nach Berufen (DAG, Deutsche Angestellten-Gewerkschaft)

- nach weltanschaulicher Basis (CGB, Christlicher Gewerkschaftsbund)

- nach besonderen Dienstverhältnissen (DBB, Deutscher Beamtenbund)

gegliedert.

Die Gewerkschaften haben u. a. folgende Aufgaben:

- Abschluss von Tarifverträgen

- Durchführung von Arbeitskämpfen

- Vertretung der Mitglieder vor dem Arbeitsgericht

- Betreuung und Schulung der Mitglieder im Bereich der Aus- und Fortbildung

- Vertretung in den Organen der Sozialversicherung

Arbeitgeberverbände (Arbeitgebervereinigungen) vertreten die Interessen ihrer Mitglieder gegenüber
den Gewerkschaften und der Gesellschaft.

Zu unterscheiden sind:

- privatrechtliche Vereinigungen
  Bundesvereinigung der Deutschen Arbeitgeberverbände (BDA)
  Bundesverband der Deutschen Industrie (BDI)
  Deutscher Industrie- und Handelstag (DIHT)

- öffentlich-rechtliche Vereinigungen
  Industrie- und Handelskammer, Handwerkskammer, Ärztekammer usw.

Die Aufgaben mit den Kennziffern **1.**, **2.**, **4.** und **7.** fallen nicht unter die Zuständigkeit von Gewerkschaften und Arbeitgeberverbänden.

Zu 1. Die finanzielle Förderung wird im Dritten Buch des Sozialgesetzbuches (SGB III) geregelt.

Zu 2.
und Betriebsvereinbarungen werden zwischen Unternehmensleitung und Betriebsrat geregelt.
4.

Zu 7. Die Durchführung der Ausbildungsabschlussprüfung obliegt den Kammern (Industrie- und
Handelskammern bzw. Handwerkskammern) als „zuständige Stelle".

8.10

Die Industrie- und Handelskammern sind Körperschaften des öffentlichen Rechts mit Zwangsmitgliedschaften aller Kaufleute des IHK-Bezirks.

Ihre wichtigsten Aufgaben sind:

– Interessenvertretung der gewerblichen Wirtschaft gegenüber den kommunalen Interessen

– Beratung der Mitglieder

– Schlichtung von Wettbewerbsstreitigkeiten

– Abgabe von Gutachten

– Regelung, Überwachung und Förderung der Berufsausbildung als „zuständige Stelle" gemäß Berufsbildungsgesetz
2

Zu 1. Tarifverträge werden zwischen Arbeitgeberverbänden und Gewerkschaften abgeschlossen.

Zu 3. Diese Streitigkeiten werden von den Arbeitsgerichten entschieden. Berufungsinstanz: Landesarbeitsgericht, ggf. Revision: Bundesarbeitsgericht.

Zu 4. Handwerksbetriebe werden von den Handwerkskammern vertreten.

Zu 5. Diese Gesetzesvorlagen können nur von der Bundesregierung, von Mitgliedern des Bundestages oder vom Bundesrat ausgehen.

8.11

Nach der derzeit gültigen Regelung sind die Arbeitnehmer im Rahmen der Sozialversicherung in der Kranken-, Renten-, Arbeitslosen-, Pflege- und **Unfallversicherung** gegen finanzielle Folgen bei Eintritt eines Versicherungsfalles geschützt.

Die **Berufsgenossenschaften** sind die Träger der gesetzlichen **Unfallversicherung** im Rahmen der gesetzlichen Sozialversicherungsplicht. Die Beiträge werden vom Arbeitgeber alleine getragen und direkt an die zuständige Berufsgenossenschaft abgeführt.

Leistungsfälle u. a. Unfallverhütung (Vorschriften/Überwachung), Heilbehandlung nach Arbeitsunfällen oder Berufskrankheiten, Reha-Maßnahmen.
2

Zu 1. Die **Allgemeine Ortskrankenkasse** (AOK) sowie die Ersatzkassen sind bis zu einer sich jährlich ändernden Pflichtgrenze Träger der gesetzlichen Krankenversicherung und der Pflegeversicherung.

Zu 3. Die **Deutsche Rentenversicherung Bund** in Berlin (keine Unterscheidung mehr zwischen Angestellten und Arbeitern) regelt die Rentenangelegenheiten (Alters-, Berufsunfähigkeits- und Erwerbsunfähigkeitsrente) der Angestellten.

Zu 4. Maßnahmen zur Verhinderung von Arbeitslosigkeit und Unterstützung bei Arbeitslosigkeit werden von den Agenturen für Arbeit durchgeführt. Oberste Behörde: **Bundesagentur für Arbeit** in Nürnberg.

Zu 5. Der **zuständige Berufsverband** gehört nicht zu den Trägern eines Sozialversicherungszweiges. Er berät seine Mitglieder und vertritt ihre Interessen als Lobbyist.

8.12

a) Die Arbeitnehmer- und Arbeitgeberbeiträge zur gesetzlichen Sozialversicherung werden an die Krankenkassen abgeführt. Die Krankenkassen leiten diese Beiträge – nachdem sie den Krankenkassenbeitrag einbehalten haben – an die anderen Träger (Deutsche Rentenversicherung Bund sowie Bundesagentur für Arbeit) weiter. | 6

b) Die Prüfungsgebühr für eine kaufmännische Abschlussprüfung wird an die Industrie- und Handelskammer gezahlt. | 1

c) Die Grundsteuer ist bei der Gemeindeverwaltung zu entrichten. | 5

d) Die gesetzliche Unfallversicherung wird vom Arbeitgeber an die Berufsgenossenschaften gezahlt. | 2

e) Die fällige Einkommensteuer wird vom Arbeitgeber zu Lasten der Arbeitnehmer an das Finanzamt weitergeleitet. Steuerschuldner sind die Arbeitnehmer. | 4

8.13

Das **Ursprungszeugnis (3.)** und die **Handelsrechnung (4.)** gehören zu den Zollpapieren. | 3 | 4

Zu 3. Das Ursprungszeugnis (Certificate of Origin) weist der Zollbehörde des Bestimmungslandes die tatsächliche Herkunft der Waren nach. Es wird von den Industrie- und Handelskammern ausgestellt und soll ungerechtfertigte Inanspruchnahme von Zollvergünstigungen verhindern.

Zu 4. Die Handelsrechnung (Commercial Invoice) steht im Zusammenhang mit den zoll- und devisenrechtlichen Bestimmungen des Einfuhrlandes. Sie muss vom Exporteur rechtsgültig unterzeichnet sein und enthält alle wichtigen Angaben über die gelieferte Waren und deren Rechnungsbetrag.

Alle anderen in Aufgabe 8.13 genannten Dokumente gehören nicht zu den Zollpapieren.

Zu 1. Die **Versicherungspolice** enthält Angaben über Art und Versicherungswert der Waren, den Transportweg, die Art der Beförderung und den Versicherer, dem evtl. Schäden zu melden sind.

Zu 2. **Bestellung** und **Bestellungsannahme** sind Unterlagen, die den Kaufvertrag dokumentieren.
und Sie haben zollrechtlich keine Bewandtnis.
5.

8.14

Die **Prokura** ermächtigt zu allen gerichtlichen und außergerichtlichen Rechtsgeschäften und Rechtshandlungen, die der Betrieb eines Handelsgewerbes überhaupt (und nicht nur des betreffenden) mit sich bringt. Lediglich zur Veräußerung und Belastung von Grundstücken ermächtigt die Prokura nur dann, wenn die Vertretungsmacht ausdrücklich darauf erstreckt wird (§ 49 HGB). Die Prokura wird im Handelsregister eingetragen.   `4`

Zu 1. Der Umfang der **Handlungsvollmacht** kann vom Vollmachtgeber beliebig bestimmt, insbesondere auf einzelne oder bestimmte Arten von Rechtsgeschäften und Rechtshandlungen beschränkt werden. Die Handlungsvollmacht wird nicht im Handelsregister eingetragen.

Zu 2. Unter **Promotion** ist die Verleihung des akademischen Doktorgrades zu verstehen.

Zu 3. Die **Artvollmacht** berechtigt zur laufenden Ausführung einer bestimmten Tätigkeit bis auf Widerruf (z. B. Postvollmacht, Kontovollmacht).

Zu 5. Bei der **Gesamtprokura** können nur zwei Prokuristen gemeinsam rechtsverbindlich unterschreiben (§ 48, Abs. 2 HGB).

8.15

a) Bei dem Streitfall zwischen Arbeitgeber und Betriebsrat über die betriebliche Pausenregelung ist das **Arbeitsgericht** zuständig.   `1`

b) Bei Streitigkeiten über Verfahrensweisen bei der Abschlussprüfung eines Auszubildenden ist das **Verwaltungsgericht** zuständig.   `4`

c) Im Streitfall über Kurkostenregelungen ist das **Sozialgericht** betroffen.   `2`

d) Bei einer Beleidigungsklage wird das **Amtsgericht** eingeschaltet.   `3`

e) Auseinandersetzungen über die Aussagen eines Arbeitszeugnisses regelt das **Arbeitsgericht**.   `1`

f) Klagen über die schulische Notengebung sind beim **Verwaltungsgericht** zu erheben.   `4`

g) Streitigkeiten, die sich aus der Kündigung eines Arbeitsverhältnisses ergeben, sind durch das **Arbeitsgericht** zu klären.   `1`

h) Streitfälle über Ansprüche auf Arbeitslosengeld II werden vom **Sozialgericht** entschieden.   `2`

Siehe Schaubild auf der nächsten Seite.

Fortsetzung

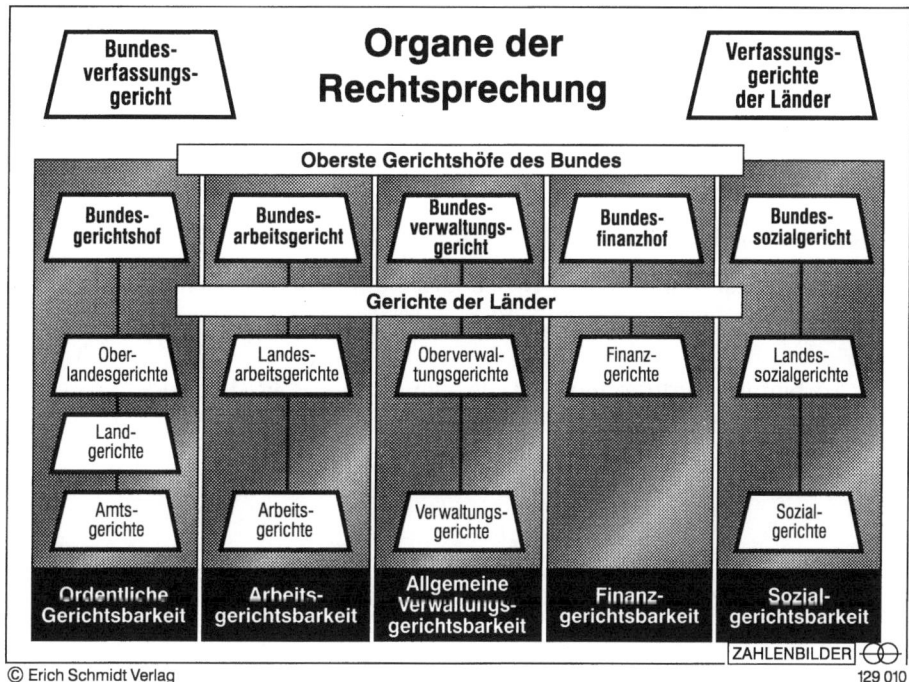

Durch das Grundgesetz wird der Rechtspflege als "dritter Gewalt" eine besonders hervorge-
hobene, gegenüber den anderen staatlichen Gewalten – Gesetzgebung und Exekutive – streng
abgegrenzte, neutrale Stellung zugewiesen. Die Richter sind nach Art. 97 GG unabhängig und nur
dem Gesetz unterworfen. Als Organe der Rechtsprechung bestehen das Bundesverfassungsgericht,
die im Grundgesetz aufgeführten Bundesgerichte und die Gerichte der Länder (Art. 92 GG).

Die Rechtsprechung der Bundesrepublik Deutschland gliedert sich in fünf selbstständige Zweige,
für die jeweils ein Bundesgericht als oberster Gerichtshof besteht. Ein Gemeinsamer Senat der
obersten Gerichtshöfe wahrt die Einheitlichkeit der Rechtsprechung.

9.01

Grundlage für einen anerkannten Ausbildungsberuf ist die – für den jeweiligen Beruf – als Rechtsverordnung erlassene **Ausbildungsordnung** (§§ 4 und 5 BBiG).

Funktionen der Ausbildungsordnungen sind:

– rechtsverbindliche Grundlage (u. a. über die Ausbildungsinhalte) und damit Grundlage für eine bundeseinheitliche Ausbildung

4

– Mittel zur Kontrolle der Ausbildung

– Grundlage zur Ausbildungsplanung (u. a. Erstellung des Ausbildungsplans)

– Sicherung bundeseinheitlicher Prüfungsanforderungen

– Mittel zur Anpassung an die technischen, wirtschaftlichen und gesellschaftlichen Erfordernisse und deren Entwicklung.

Mindestinhalte der Ausbildungsordnungen sind: Bezeichnung des Ausbildungsberufes, Ausbildungsdauer, Ausbildungsberufsbild (Kenntnisse/Fertigkeiten), Ausbildungsrahmenplan (sachliche und zeitliche Gliederung) und Prüfungsanforderungen.

9.02

Der **Ausbildungsrahmenplan** ist der Bestandteil der Verordnung über die Berufsausbildung in dem jeweiligen Ausbildungsberuf (Ausbildungsverordnung, AO). Hier ist die sachliche und zeitliche Gliederung der Ausbildungsinhalte des jeweiligen Berufes festgelegt.

4

Die im Ausbildungsrahmenplan aufgeführten (Mindest-)Inhalte sind für die ausbildenden Unternehmen verbindlich und müssen in der betrieblichen Ausbildung vermittelt werden.

Wichtig: Informieren Sie sich in der „Verordnung über die Berufsausbildung – Kaufmann im Groß- und Außenhandel/Kauffrau im Groß- und Außenhandel vom 14. Februar 2006" über den Ausbildungsrahmenplan für diesen Ausbildungsberuf. Nachstehend einige Auszüge aus dieser Ausbildungsverordnung, aus denen Sie die Bedeutung für Ihre Ausbildung und Ihren Prüfungserfolg erkennen können:

§ 8 Zwischenprüfung

(2) Die Zwischenprüfung erstreckt sich auf die in den Anlagen 1 und 2 für das erste Ausbildungsjahr aufgeführten Fertigkeiten, Kenntnisse und Fähigkeiten sowie auf den im Berufsschulunterricht entsprechend dem Rahmenlehrplan zu vermittelnden Lehrstoff, soweit er für die Berufsausbildung wesentlich ist.

Auszug aus dem Ausbildungsrahmenplan

Fortsetzung auf der nächsten Seite.

Fortsetzung

Beispiel für die **sachliche** Gliederung – Achtung, dies ist **keine vollständige Abbildung:** Besorgen Sie sich die Ausbildungsverordnung, sofern Sie noch nicht darüber verfügen!

Anlage 1
(zu § 5)

Ausbildungsrahmenplan
für die Berufsausbildung zum Kaufmann im Groß- und Außenhandel/
zur Kauffrau im Groß- und Außenhandel

– Sachliche Gliederung –

Abschnitt I: Gemeinsame Fertigkeiten, Kenntnisse und Fähigkeiten

Lfd. Nr.	Teil des Ausbildungsberufsbildes	Zu vermittelnde Fertigkeiten, Kenntnisse und Fähigkeiten
1	2	3
1	Das Ausbildungsunternehmen (§ 4 Abs. 1 Nr. 1)	
1.1	Stellung, Rechtsform und Struktur (§ 4 Abs. 1 Nr. 1.1)	a) Aufgaben und Bedeutung des Groß- und Außenhandels im Rahmen der Gesamtwirtschaft beschreiben b) Zielsetzung und Tätigkeitsfelder des Ausbildungsunternehmens sowie seine Stellung am Markt erläutern c) Geschäftsbeziehungen innerhalb und außerhalb der Europäischen Union darstellen d) Art und Rechtsform des Ausbildungsunternehmens darstellen
1.2	Organisations- und Entscheidungsstrukturen (§ 4 Abs. 1 Nr. 1.2)	a) Aufbau und Aufgaben des Ausbildungsunternehmens erläutern b) Zusammenarbeit des Ausbildungsunternehmens mit Behörden und Organisationen erläutern
1.3	Berufsbildung, Personalwirtschaft, arbeits-, sozial- und tarifrechtliche Vorschriften (§ 4 Abs. 1 Nr. 1.3)	a) Rechte und Pflichten aus dem Ausbildungsvertrag feststellen und Aufgaben der Beteiligten im dualen System beschreiben b) den betrieblichen Ausbildungsplan mit der Ausbildungsordnung vergleichen und zu seiner Umsetzung beitragen c) betriebliche und tarifliche Regelungen sowie arbeits- und sozialrechtliche Bestimmungen erläutern, insbesondere wesentliche Inhalte und Bestandteile eines Arbeitsvertrages darstellen d) die Positionen einer Entgeltabrechnung erklären e) Mitbestimmungs- und Mitwirkungsrechte betriebsverfassungsrechtlicher Organe des Ausbildungsunternehmens erklären f) Nutzen beruflicher Weiterbildung für die berufliche und persönliche Entwicklung sowie für das Unternehmen darstellen g) betriebliche Ziele und Grundsätze bei Personalplanung, -beschaffung und -einsatz beschreiben h) Ziele sowie Instrumente der Personalführung und -entwicklung, insbesondere der Personalbeurteilung im Ausbildungsunternehmen, erklären
1.4	Sicherheit und Gesundheitsschutz bei der Arbeit (§ 4 Abs. 1 Nr. 1.4)	a) Gefährdung von Sicherheit und Gesundheit am Arbeitsplatz feststellen und Maßnahmen zu ihrer Vermeidung ergreifen b) berufsbezogene Arbeitsschutz- und Unfallverhütungsvorschriften anwenden c) Verhaltensweisen bei Unfällen beschreiben sowie erste Maßnahmen einleiten

---

Quelle: Verordnung über die Berufsausbildung – Kaufmann im Groß- und Außenhandel/Kauffrau im Groß- und Außenhandel vom 14. Februar 2006

Fortsetzung auf der nächsten Seite.

9.02

Fortsetzung

Beispiel für die **zeitliche** Gliederung

Anlage 2
(zu § 5)

Ausbildungsrahmenplan
für die Berufsausbildung zum Kaufmann im Groß- und Außenhandel/
zur Kauffrau im Groß- und Außenhandel

– Zeitliche Gliederung –

Fachrichtung Großhandel

Erstes Ausbildungsjahr

(1) In einem Zeitraum von insgesamt zwei bis drei Monaten sind schwerpunktmäßig die Fertigkeiten, Kenntnisse und Fähigkeiten gemäß Anlage 1 Abschnitt I der Berufsbildpositionen

1.1 Stellung, Rechtsform und Struktur,

1.2 Organisations- und Entscheidungsstrukturen,

1.3 Berufsbildung, Personalwirtschaft, arbeits-, sozial- und tarifrechtliche Vorschriften, Lernziele a bis e,

2.4 Waren- und Datenfluss

zu vermitteln.

(2) In einem Zeitraum von insgesamt vier bis fünf Monaten sind schwerpunktmäßig die Fertigkeiten, Kenntnisse und Fähigkeiten gemäß Anlage 1 Abschnitt I der Berufsbildpositionen

1.4 Sicherheit und Gesundheitsschutz bei der Arbeit,

1.5 Umweltschutz,

2.3 Wareneinkauf, Lernziele a bis c,

4.1 Informations- und Kommunikationssysteme, Lernziele a bis d,

4.2 Teamarbeit, Kommunikation und Arbeitsorganisation,

4.3 Anwenden einer Fremdsprache bei Fachaufgaben, Lernziel a,

zu vermitteln.

(3) In einem Zeitraum von insgesamt vier bis sechs Monaten sind schwerpunktmäßig die Fertigkeiten, Kenntnisse und Fähigkeiten gemäß Anlage 1 Abschnitt I der Berufsbildpositionen

2.5 Warensortiment, Lernziele b bis d,

3.3 Verkauf und Kundenberatung, Lernziele a und b,

zu vermitteln.

Quelle: Verordnung über die Berufsausbildung – Kaufmann im Groß- und Außenhandel/Kauffrau im Groß- und Außenhandel vom 14. Februar 2006

9.03

2

Die Feststellung **2.** ist zutreffend.

Für jeden staatlich anerkannten Ausbildungsberuf (zz. ca. 350 Berufe) erlässt der Bundesminister für Wirtschaft eine eigene Ausbildungsverordnung.

Diese enthält gemäß § 5 BBiG:

- die Bezeichnung des Ausbildungsberufes

- die Ausbildungsdauer

- das Ausbildungsberufsbild (zu vermittelnde Fertigkeiten, Kenntnisse und Fähigkeiten)

- den Ausbildungsrahmenplan (sachliche und zeitliche Gliederung der Fertigkeiten und Kenntnisse)

- die Prüfungsanforderungen.

Auf Basis des Ausbildungsrahmenplans erstellt der Ausbildende einen Ausbildungsplan, der auf die betrieblichen Belange zugeschnitten ist. Dieser Ausbildungsplan ist Bestandteil des Ausbildungsvertrages. Die „zuständige Stelle" (Kammer) überprüft beim Einreichen des Vertrages zur Eintragung in das Verzeichnis der Ausbildungsverhältnisse, ob der Ausbildungsplan den Erfordernissen des Ausbildungsrahmenplans voll gerecht wird.

Folgende Feststellungen treffen **nicht** zu:

Zu 1. Die Genehmigung des Ausbildungsplanes gehört nicht zu den Aufgaben einer Gewerkschaft.

Zu 3. Da der Ausbildungsplan nur in Zusammenhang mit einem Ausbildungsvertrag wirksam wird, ist eine allgemein zugängliche Einsichtnahme unnötig.

Zu 4. Beginn und Ende der Ausbildung in der einzelnen Fachabteilung werden im Versetzungsplan festgelegt.

Zu 5. Die Rahmenlehrpläne der Berufsschule für die berufsbezogene Ausbildung werden zwar mit den Ausbildungsordnungen abgestimmt, sind aber nicht mit dem Ausbildungsplan deckungsgleich.

9.04

Im Berufsausbildungsvertrag sind die **Rechte und Pflichten** des Ausbildenden und des Auszubildenden gemäß Berufsbildungsgesetz festgelegt.

Zu den **Pflichten** des Auszubildenden gehören u. a.

- die sorgfältige Ausführung der ihm übertragenen Aufgaben `4`
- der regelmäßige Besuch der Berufsschule (an Ausbildungsmaßnahmen teilnehmen, für die er nach BBiG §15 freigestellt ist = Berufsschulunterricht, Prüfungen, Maßnahmen außerhalb der Ausbildungsstätte) `5`
- den Weisungen zu folgen, die ihm von den weisungsgebundenen Personen erteilt werden
- die geltende Betriebsordnung zu beachten
- die Arbeitsmittel pfleglich zu behandeln
- über betriebs- und Geschäftsgeheimnisse Stillschweigen zu wahren.

Zu 1. Der **Ausbildungsnachweis** muss zu betriebsindividuell festgelegten Zeitpunkten dem Ausbilder/Ausbildungsleiter vorgelegt werden.

Zu 2. Der Ausbildende hat dem Auszubildenden kostenlos die erforderlichen **Ausbildungsmittel** zur Verfügung zu stellen (BBiG §14 Abs.1 Ziffer 3)

Zu 3. Der Auszubildende muss an der vorgeschriebenen **Zwischenprüfung** teilnehmen (BBiG § 43 Abs.1 Ziffer 2); diese muss aber nicht bestanden werden.

Zu 6. Die **Arbeitsunfähigkeitsbescheinigung** muss spätestens nach dem dritten Tag der Arbeitsunfähigkeit vorliegen. Sie kann aber vom Arbeitgeber auch schon vorher – ggf. schon am ersten Tag der Arbeitsunfähigkeit – verlangt werden.

9.05

2 4 7

Die Feststellungen **2.**, **4.** und **7.** sind zutreffend.

Zu 2. Der Berufsausbildungsvertrag regelt die Rechtsbeziehungen zwischen den Ausbildenden und
und den Auszubildenden.
4.

Zu 7. vgl. Berufsbildungsgesetz (BBiG) § 20

Die Aussagen **1.**, **3.**, **5.** und **6.** sind falsch.

Zu 1. Ein Vertrag kommt durch übereinstimmende Willenserklärungen der Vertragspartner zustande.
und Gemäß §§ 10 ff. BBiG begründet bereits ein mündlicher Abschluss ein rechtswirksames Vertrags-
6. verhältnis.

Zu 3. Die Zeit des Berufsschulunterrichts wird von der zuständigen Berufsschule festgesetzt.

Zu 5. Der Ausbildungsvertrag kann in beiderseitigem Einvernehmen (Aufhebungsvertrag) jederzeit gelöst werden; eine einseitige Kündigung gemäß § 22 BBiG ist nur bei Vorliegen eines wichtigen Grundes schriftlich – unter Angabe des Grundes – möglich. Will der Auszubildende den Beruf wechseln oder aufgeben, muss eine Frist von 4 Wochen eingehalten werden. Bei einer Kündigung durch den Ausbildenden – auch während der Probezeit – ist die vorherige Anhörung des Betriebsrates vorgeschrieben.

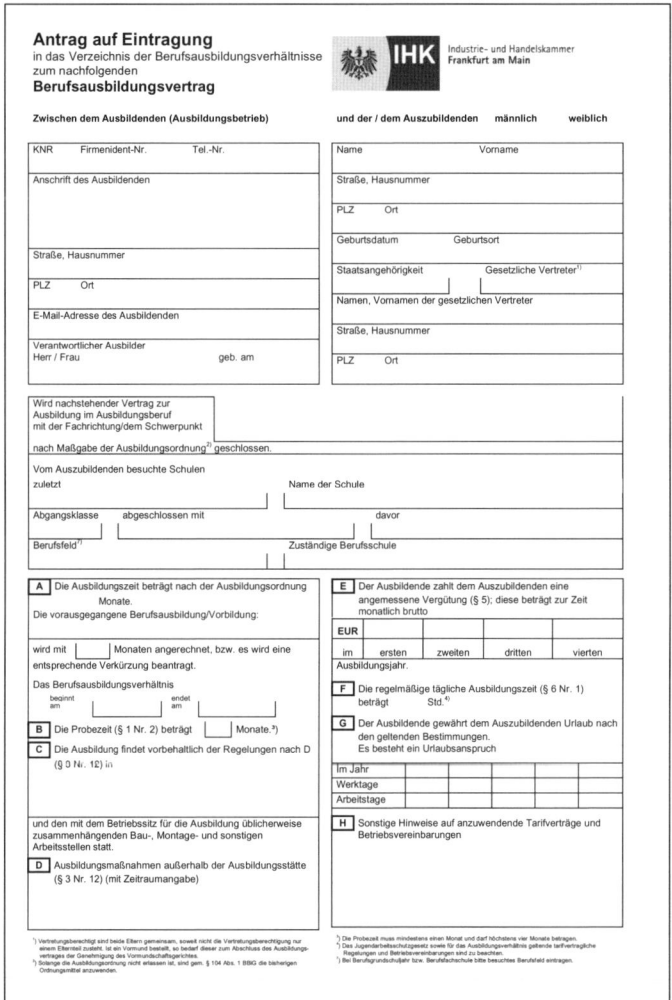

9.06

Nichtig (nach § 12 Abs. 2 BBiG) ist eine Vereinbarung über

> 1. die Verpflichtung des Auszubildenden, für die Berufsausbildung eine Entschädigung zu zahlen,
> 2. Vertragsstrafen,
> 3. den Ausschluss oder die Beschränkung von Schadensersatzansprüchen,
> 4. die Festsetzung der Höhe eines Schadensersatzes in Pauschbeträgen.

5

BBiG § 12 (Auszug)

Gemäß § 11 BBiG (Vertragsniederschrift) hat der Ausbildende unverzüglich nach Abschluss des Berufsausbildungsvertrages, spätestens vor Beginn der Berufsausbildung, den wesentlichen Inhalt des Vertrages schriftlich niederzulegen; die elektronische Form ist ausgeschlossen. Der Vertrag muss mindestens folgende Angaben enthalten:

> 1. Art, sachliche und zeitliche Gliederung sowie Ziel der Berufsausbildung, insbesondere die Berufstätigkeit, für die ausgebildet werden soll,
> 2. Beginn und Dauer der Berufsausbildung,
> 3. Ausbildungsmaßnahmen außerhalb der Ausbildungsstätte,
> 4. Dauer der regelmäßigen täglichen Ausbildungszeit,
> 5. Dauer der Probezeit,
> 6. Zahlung und Höhe der Vergütung,
> 7. Dauer des Urlaubs,
> 8. Voraussetzungen, unter denen der Berufsausbildungsvertrag gekündigt werden kann,
> 9. ein in allgemeiner Form gehaltener Hinweis auf Tarifverträge, Betriebs- oder Dienstvereinbarungen, die auf das Berufsausbildungsverhältnis anzuwenden sind.

BBiG § 11 (Auszug)

Der unterschriebene Vertrag muss bei der Kammer zur Eintragung in das Verzeichnis der Berufsausbildungsverhältnisse zusammen mit dem Ausbildungsplan und – bei Minderjährigen – der ärztlichen Untersuchungsbescheinigung eingereicht werden.

9.07

Der Auszubildende kann nach der Probezeit mit einer Kündigungsfrist von vier Wochen seinen Ausbildungsvertrag schriftlich lösen, wenn er in einen anderen Beruf überwechseln oder ganz aus der Berufsausbildung ausscheiden will. Lösung **5.** ist also richtig.

> **5**

Zu 1. Sowohl der Auszubildende (siehe obige Ausführungen) als auch der Ausbildende (fristlose Kündigung aus wichtigem Grund, z. B. grobe Disziplinarverstöße des Auszubildenden) können nach der Probezeit den Vertrag durch Kündigung auflösen.

Zu 2. Das Vertragsverhältnis kann während und nach der Probezeit gekündigt werden.

Zu 3. In beiderseitigem Einvernehmen kann das Ausbildungsverhältnis jederzeit aufgelöst werden.

Zu 4. Nach der Probezeit kann das Vertragsverhältnis von beiden Seiten aus wichtigem Grund (durch Auszubildenden: z. B. bei körperlicher Gefährdung oder Züchtigung; durch Ausbildenden: z. B. bei Diebstahl, Tätlichkeiten) fristlos gekündigt werden. Die fristlose Kündigung durch den Ausbildenden kann nur unter bestimmten Bedingungen erfolgen (§ 22 BBiG).

9.08

Gemäß § 48 BBiG ist während der Berufsausbildung zur Ermittlung des Ausbildungsstandes eine Zwischenprüfung entsprechend der Ausbildungsordnung durchzuführen. Sie soll in der Mitte des zweiten Ausbildungsjahres stattfinden.

Gegenstand der Zwischenprüfung sind die im Ausbildungsrahmenplan und im Rahmenlehrplan der Berufsschule für das 1. Ausbildungsjahr vorgeschriebenen Kenntnisse und Fertigkeiten. Die Teilnahme muss bei der Anmeldung zur Abschlussprüfung nachgewiesen werden.

> **3**

Sofern die Ausbildungsordnung vorsieht, dass die Abschlussprüfung in zwei zeitlich auseinander fallenden Teilen durchgeführt wird, entfällt eine Zwischenprüfung (vgl. § 48 Abs. 2 BBiG).

Ein Bestehen oder Nichtbestehen der Zwischenprüfung wird nicht festgestellt.

Alle anderen Aussagen **1., 2., 4.** und **5.** treffen auf die Zwischenprüfung nicht zu.

9.09

Das „Gesetz zum Schutz der Jugend in der Öffentlichkeit" (**Jugendschutzgesetz**) und das **Einkommensteuergesetz** betreffen nicht die berufliche Bildung.

| 1 | 7 |

Die Gesetze mit den Kennziffern **2.**, **3.**, **4.**, **5.** und **6.** betreffen die berufliche Bildung.

Zu 2. Das „Gesetz zum Schutze der arbeitenden Jugend" (**Jugendarbeitsschutzgesetz – JArbSchG**) gilt für alle beschäftigten minderjährigen Personen

- in der Berufsausbildung
- als Arbeitnehmer oder Heimarbeiter

Für die Berufsausbildung gelten u. a.

- Arbeitszeitvorschriften (§§ 4 und 8)
- Berufsschule (§ 9)
- Prüfungen und außerbetriebliche Ausbildungsmaßnahmen (§ 10)
- tägliche Freizeit und Nachtruhe (§§ 13 und 14)

Die Urlaubsbestimmungen (§ 19) gelten nur, soweit Tarifverträge keine günstigere Regelung vorsehen.

Zu 3. Eine **Ausbildungsordnung** wird für jeden staatlich anerkannten Ausbildungsberuf erlassen. Sie enthält

- das Berufsbild
- den Ausbildungsrahmenplan
- die Prüfungsanforderungen

Zu 4. Das **Berufsbildungsgesetz** (BBiG) enthält Rechtsvorschriften zur

- Berufsausbildungsvorbereitung
- Berufsausbildung
- beruflichen Fortbildung
- beruflichen Umschulung

Zu 5. **Schulpflichtgesetze** werden von den Ländern erlassen und regeln die allgemein bildende und die berufsbildende Schulpflicht. Alle Auszubildenden sind berufsschulpflichtig.

Zu 6. Das **Betriebsverfassungsgesetz** regelt die Mitbestimmungs- und Mitwirkungsrechte des Betriebsrates und der Jugend- und Auszubildenden-Vertretung bei der beruflichen Bildung.

9.10

a) Laut Arbeitszeitgesetz (§ 4 ArbZG), das auch für volljährige Auszubildende gilt, betragen die Ruhepausen bei einer Arbeitszeit von mehr als 6 bis 9 Stunden mindestens 30 Minuten, bei mehr als 9 Stunden mindestens 45 Minuten.

`3`

b) Die Pausenregelung:
4 ½ bis 6 Stunden Arbeitszeit – mindestens 30 Minuten –
mehr als 6 Stunden Arbeitszeit – mindestens 60 Minuten –
ist im Jugendarbeitsschutzgesetz (§ 11 JArbSchG) geregelt.

`1`

c) Der Unternehmer ist für die Durchführung der Maßnahmen zur Verhütung von Arbeitsunfällen/Berufskrankheiten verantwortlich; dazu zählen u. a. die Sicherheitskennzeichnung am Arbeitsplatz.

`4`

d) Das Mutterschutzgesetz findet auch auf Auszubildende Anwendung und regelt u. a. das Kündigungsverbot während der Schwangerschaft (§ 9 MuSchG).

`2`

e) Nach Beendigung der täglichen Arbeitszeit steht den Arbeitnehmern eine ununterbrochene Ruhezeit von mindestens 11 Stunden zu (§ 5 ArbZG).

`3`

f) Der Unternehmer hat für die entsprechenden Schutzvorrichtungen an Maschinen und für entsprechende Schutzkleidung zu sorgen

`4`

g) Urlaubsanspruch der Jugendlichen nach § 19 Abs. 2 JArbSchG:
  - mindestens 30 Werktage, wenn der Jugendliche zu Beginn des Kalenderjahres noch nicht 16 Jahre alt ist
  - mindestens 27 Werktage, wenn der Jugendliche zu Beginn des Kalenderjahres noch nicht 17 Jahre alt ist
  - mindestens 25 Werktage, wenn der Jugendliche zu Beginn des Kalenderjahres noch nicht 18 Jahre alt ist.

`1`

9.11

Das **Jugendarbeitsschutzgesetz** gilt für die Beschäftigung von minderjährigen Personen

- in der Berufsausbildung

- als Arbeitnehmer oder Heimarbeiter

- in sonstigen Dienstleistungen, die der Arbeit von Arbeitnehmern oder Heimarbeitern ähnlich sind

- in einem Berufsausbildung ähnlichen Ausbildungsverhältnis (JArbSchG § 1 Abs.1).

Die Vorschriften des Gesetzes beziehen sich im wesentlichen auf

- **Arbeitszeit und Freizeit** (JArbSchG §§ 8 ff.)   `3`
  z. B. tägliche Arbeitszeit (nicht mehr als 8 Stunden), wöchentliche Arbeitszeit (nicht mehr
  als 40 Stunden), Urlaub (Mindesturlaub in Werktagen)   `4`

- **Beschäftigungsverbote und -beschränkungen** (JArbSchG §§ 22 ff.)

- **Gesundheitliche Betreuung** (JArbSchG §§ 32 ff.)

Zu 1. Der **Kündigungsschutz** junger Arbeitnehmer ist im Kündigungsschutzgesetz, der für Auszubildende im Berufsbildungsgesetz geregelt.

Zu 2. Die Höhe der **Ausbildungsvergütungen** werden von den Tarifpartnern ausgehandelt und im Lohn- und Gehaltstarif festgehalten.

Zu 5. Die Mindest-/Höchstdauer der **Probezeit** ist im Berufsbildungsgesetz geregelt (mindestens 1 Monat, höchstens 4 Monate).

Zu 6. Die Rechte und Pflichten der **Jugend- und Auszubildendenvertretung** ist im Betriebsverfassungsgesetz geregelt.

9.12

a) Das **Bundesurlaubsgesetz** (BUrlG) – Mindesturlaubsgesetz für Arbeitnehmer – regelt den Mindesturlaub, der jedem Arbeitnehmer zusteht. Danach hat jeder Arbeitnehmer ein Recht auf 24 Werktage Jahresurlaub, wobei auch die Samstage als Werktage zählen.

2

b) Das **Allgemeine Gleichbehandlungsgesetz** (AGG) hat zum Ziel, Benachteiligungen aus Gründen der Rasse oder wegen der ethnischen Herkunft, des Geschlechts, der Religion oder der Weltanschauung, einer Behinderung, des Alters oder der sexuellen Identität zu verhindern oder zu beseitigen (§ 1 Ziel des AGG).

1

c) Das **Arbeitszeitgesetz** (ArbZG) trifft Regelungen zu Arbeitszeit, arbeitsfreien Zeit und zu Ruhepausen.

3

d) Das **Jugendarbeitsschutzgesetz** (JArbSchG) regelt die gesetzlichen Grundlagen für die Beschäftigung von Jugendlichen. Siehe dazu Lösung zu Aufgabe 9.11.

5

e) Das **Berufsbildungsgesetz** (BBiG) regelt in § 20 die Probezeit von Auszubildenden:

---

§ 20 Probezeit

Das Berufsausbildungsverhältnis beginnt mit der Probezeit. Sie muss mindestens einen Monat und darf höchstens vier Monate betragen.

§

4

Quelle: BBiG

9.13

Lösung **4.** ist richtig. **Tarifautonomie** bedeutet, dass die Tarifpartner (z. B. Arbeitgeberverbände und Gewerkschaften) unabhängig von Eingriffen von außen (z. B. einer staatlichen Stelle) die Löhne und Gehälter (Lohn- und Gehaltstarifvertrag) und sonstige Arbeitsbedingungen (Manteltarifvertrag) aushandeln. Wichtigster Bestandteil der Tarifautonomie ist das Streikrecht.

4

Die **Tarifautonomie** verleiht Arbeitgeberverbänden und Gewerkschaften das Recht, unabhängig von staatlicher Einwirkung innerhalb des gesetzlichen Rahmens Tarifverträge abzuschließen (abgeleitet aus dem Koalitionsgrundrecht Art. 9 GG).

In den **Tarifverträgen** werden überbetrieblich die Mindest-Bedingungen des Arbeitsbereiches geregelt. Tarifverträge gelten grundsätzlich für einen ganzen Wirtschaftszweig (z. B. Großhandel, Einzelhandel, Metallindustrie), und zwar für alle bestehenden oder noch entstehenden Arbeitsverhältnisse. Der Geltungsbereich erstreckt sich zunächst auf alle Mitglieder der abschließenden Arbeitgeberverbände und Gewerkschaften. Durch eine „Allgemeinverbindlichkeitserklärung" können die Normen eines neuen Tarifvertrages auch für bisher nicht tarifgebundene Arbeitgeber und Arbeitnehmer Gültigkeit erlangen.

9.14

Der **Manteltarifvertrag** (Rahmentarifvertrag) enthält bestimmte Arbeitsbedingungen, die für einen längeren Zeitraum gelten. Darin finden sich z. B. Regelungen über Arbeitszeit, Mehrarbeit, Überstundenvergütung, Sonn- und Feiertagsarbeit, Altersteilzeit, Urlaub, Kündigungsfristen.

4
6

Zu 1. Lohn- und Gehaltserhöhungen sowie Ausbildungsvergütungen sind in den Lohn- und Gehaltstarifverträgen festgelegt.

Zu 2. Die Kündigungsfristen für Betriebsratsmitglieder regelt das Betriebsverfassungsgesetz.

Zu 3. Die Pausenregelungen für jugendliche Arbeitnehmer sind im Jugendarbeitsschutzgesetz festgelegt.

Zu 5. Die Eingruppierungen in die verschiedenen Lohn- und Gehaltsgruppen sind im Lohn- und Gehaltstarifvertrag geregelt.

9.15

Reihenfolge beim Aushandeln eines neuen Tarifvertrages:

1. Schritt
Fristgerechte Kündigung des Tarifvertrages (d)

2. Schritt
Aufnahme der Tarifverhandlungen (a)

3. Schritt
Scheitern der Tarifverhandlungen (einseitige Erklärung einer Partei) (e)

4. Schritt
Urabstimmung über Arbeitskampfmaßnahmen (mit anschließendem Streik/Aussperrung) (b)

5. Schritt
Neue Verhandlungen während der Arbeitskampfmaßnahmen (g)

6. Schritt
Ergebnis aufgrund neuer Verhandlungsrunden (c)

7. Schritt
Abstimmung über das Ergebnis der neuen Verhandlungsrunde (f)

a)	2
b)	4
c)	6
d)	1
e)	3
f)	7
g)	5

9.16

Tarifverträge (Lohn- und Gehaltstarifvertrag/Manteltarifvertrag) werden zwischen den Tarifparteien (z. B. Arbeitgeberverbände und Gewerkschaften) in freier Vereinbarung ohne Eingriffe von außen (z. B. einer staatlichen Stelle) getroffen = **Tarifautonomie.** | 1 |

Zu 2. Tarifpartner sind vor allem die Gewerkschaften und einzelne Arbeitgeber bzw. Arbeitgeberverbände.

Zu 3. Betriebsvereinbarungen sind Verträge zwischen Arbeitgeber und Betriebsrat zur Regelung betrieblicher Belange mit verbindlicher Laufzeit; sie behalten während der Tarifverhandlungen ihre Gültigkeit.

Zu 4. Streik und Aussperrung sind rechtlich zulässige Kampfmaßnahmen.

Zu 5. Friedenspflicht bedeutet, dass die Tarifpartner während der Gültigkeit des Tarifvertrages keine Kampfmaßnahmen ergreifen dürfen.

Zur ‚**Tarifautonomie'** vergleiche Lösung zu Aufgabe 9.13.

9.17

Die Regelungen unter **3.** und **4.** werden nicht in einer Betriebsvereinbarung getroffen: | 3 |
Die **Ausbildungsvergütung** ist im Lohn- und Gehaltstarifvertrag geregelt.
Die **Wochenarbeitszeit** ist im Manteltarifvertrag geregelt. | 4 |

Betriebsvereinbarungen sind Verträge (kollektive Arbeitsverträge) zwischen Arbeitgeber und Betriebsrat zur Regelung betrieblicher Belange. Sie betreffen die betriebliche Ordnung und ergänzen die Mindestbestimmungen, die in einem Tarifvertrag festgeschrieben sind.

Folgende **Sachgebiete** können u. a. in einer Betriebsvereinbarung geregelt sein:

- Gleitende Arbeitszeit **(1.)**

- Altersversorgung **(2.)**

- Urlaubsordnung (Urlaubsansprüche, Urlaubsgeld, Urlaubsplanung) **(5.)**

- Überstundenregelung (u. a. Vergütung von Mehrarbeit und Fahrzeit) **(6.)**

- Betriebs-/Hausordnung

- Vergabe und Nutzung von Firmenwagen

- Vorschlagswesen

- Betriebliche Sozialleistungen

9.18

In diesem Fall werden dem Angestellten

– die Lohnsteuer (lt. Lohnsteuertabelle)

– der Solidaritätszuschlag (lt. Lohnsteuertabelle)

– die Sozialversicherungsbeiträge (AV, KV, RV, PV unter Beachtung der Beitragssätze und evtl. der Beitragsbemessungsgrenze)

abgezogen.

5

Da der Angestellte keiner Religionsgemeinschaft angehört, braucht er auch keine Kirchensteuer zu zahlen. Die Beiträge zur gesetzlichen Unfallversicherung trägt der Arbeitgeber alleine; diese sind abhängig von der Gefahrenklasse und der Lohn- bzw. Gehaltssumme des Unternehmers. Die Kfz-Steuer ist vom Angestellten selbst zu zahlen; sie zählt zu den Verkehrssteuern.

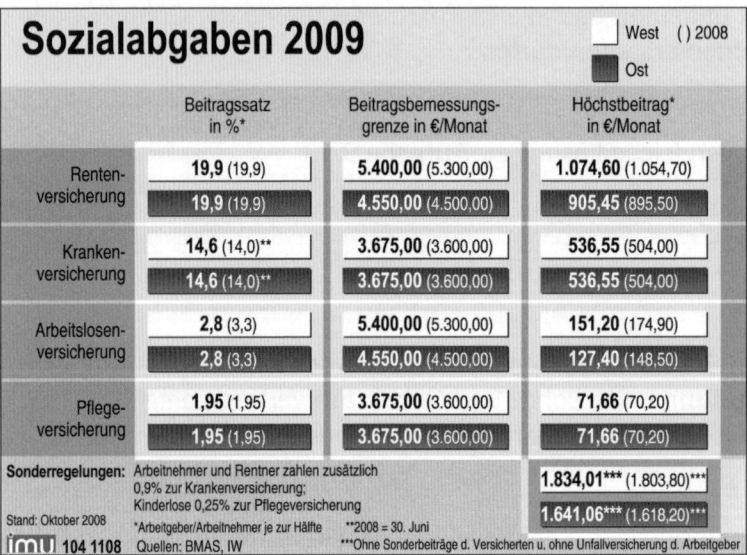

Sozialversicherung 2009

Die Beitragssätze zur Sozialversicherung sind im **Jahr 2009** für ganz Deutschland einheitlich geregelt. (Bei den Beitragsbemessungsgrenzen gibt es allerdings Unterschiede, s. u.).

Es gelten folgende Beitragssätze vom Bruttomonatsentgelt:

Rentenversicherung: 19,9 %

Krankenversicherung: 14,6 %

(Es gilt ein Einheitsbeitragssatz. Die versicherten Personen müssen zusätzlich 0,9 % Sonderbeitrag in der Krankenversicherung zahlen. Das gilt nicht für den Arbeitgeberanteil.)

Arbeitslosenversicherung (Beiträge zur Arbeitsförderung): 2,8 %

Pflegeversicherung: 1,95 %

Kinderlose Personen zahlen einen Beitragszuschlag für die Pflegeversicherung einkommensabhängig von 0,25 %. Von der Erhebung des Beitragszuschlags sind ausgenommen:

– Personen bis zur Vollendung des 23. Lebensjahres

– Personen, die vor dem 1. Januar 1940 geboren sind

– Wehr- und Zivildienstleistende

Für die pflichtversicherten Bezieher höherer Einkommen ist außerdem die **Beitragsbemessungsgrenze** von Bedeutung, d. h. die Obergrenze, bis zu der das Bruttomonatsentgelt mit Sozialabgaben belastet wird.

Im Jahr 2009 liegt sie in der Rentenversicherung und Arbeitslosenversicherung in Westdeutschland bei 5.400,00 €, in Ostdeutschland bei 4.550,00 €. In der Kranken- und Pflegeversicherung liegt die Beitragsbemessungsgrenze in ganz Deutschland einheitlich bei 3.675,00 €.

Zur Sozialversicherung gehören – nur für den Arbeitgeber – außerdem noch die Beiträge zur Unfallversicherung. Diese erscheinen für den Arbeitnehmer nicht in seiner Entgeltabrechnung.

Stand: Dezember 2008

Die Aussage **3.** ist **falsch**.

3

Die Arbeitnehmer erhalten von der zuständigen Gemeinde bzw. Stadtverwaltung ihre Lohnsteuerkarte mit folgenden Angaben:

– persönliche Daten (Anschrift/Geburtsdatum)

– Familienstand

– Steuerklasse

– Religionszugehörigkeit

Der Arbeitnehmer hat die Angaben auf Richtigkeit zu überprüfen (ggf. Änderungen zu veranlassen) und die Lohnsteuerkarte dem Arbeitgeber rechtzeitig auszuhändigen.

Auf der Lohnsteuerkarte sind **falsch** eingetragen:

– die Religionszugehörigkeit (statt rk müsste es ev heißen, da Herr Erikson der evang.-luth. Religionsgemeinschaft angehört)

– die Steuerklasse (statt „drei" = verheiratet, muss „eins" = nicht verheiratet eingetragen sein)

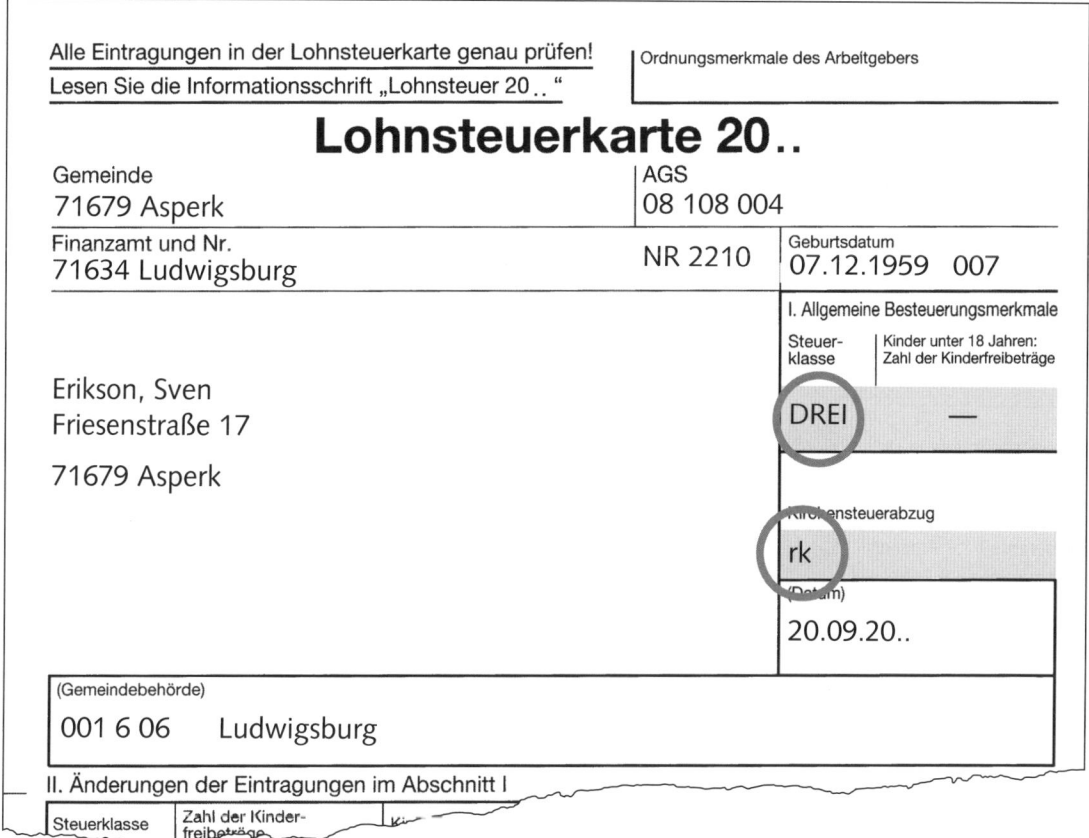

9.20

a) Steuer- und sozialversicherungspflichtiges Gehalt = 3.300 Euro

Arbeitnehmeranteil zur Sozialversicherung:

Krankenversicherung 7,3 %	240,90 €
(15,5 % – 0,9 % = 14,6 % : 2 = 7,3 %)	
zzgl. 0,9 % nur für Arbeitnehmer	29,70 €
Krankenvers. Arbeitnehmeranteil	270,60 €
Pflegeversicherung 0,975 %	32,18 €
(die Hälfte von 1,95 %)	
Rentenversicherung 9,95 %	328,35 €
(die Hälfte von 19,9 %)	
Arbeitslosenversicherung 1,4 %	46,20 €
(die Hälfte von 2,8 %)	
Summe	**677,33 €**

€
6 7 7 | 3 3

b) Arbeitgeberanteil zur Sozialversicherung:

677,33 € – 29,70 € = **647,63 €**

€
6 4 7 | 6 3

(die 0,9 % zusätzlich zur Krankenversicherung trägt
nur der Arbeitnehmer = 29,70 €, siehe zu a)

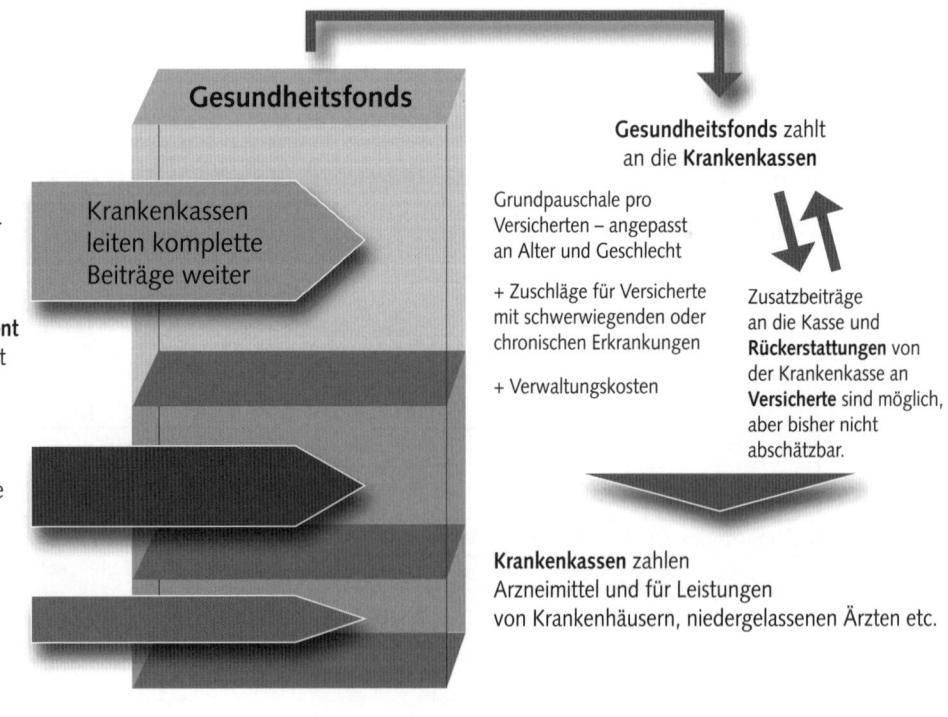

Versicherungsbeiträge mit einheitlichem Beitragssatz aller Krankenkassen: 15,5 Prozent.

Arbeitgeberanteil 7,3 Prozent
Arbeitnehmeranteil: 8,2 Prozent
inkl. Sonderbeitrag 0,9 Prozent

Rentenversicherung und Arbeitsagentur zahlen Beiträge für Rentner und Arbeitslose.

Der Staat zahlt Zuschuss aus Steuern, z.B. für kostenlose Mitversicherung von Kindern.

Gesundheitsfonds

Krankenkassen leiten komplette Beiträge weiter

Gesundheitsfonds zahlt an die **Krankenkassen**

Grundpauschale pro Versicherten – angepasst an Alter und Geschlecht

+ Zuschläge für Versicherte mit schwerwiegenden oder chronischen Erkrankungen

+ Verwaltungskosten

Zusatzbeiträge an die Kasse und **Rückerstattungen** von der Krankenkasse an **Versicherte** sind möglich, aber bisher nicht abschätzbar.

Krankenkassen zahlen Arzneimittel und für Leistungen von Krankenhäusern, niedergelassenen Ärzten etc.

9.21

1

Die Aussage **1.** ist **richtig**.

Die gesamten Sozialversicherungsbeiträge (Kranken-, Pflege-, Arbeitslosen- und Rentenversicherung) werden an die jeweilige Krankenkasse, in denen die Arbeitnehmer versichert sind, abgeführt. Die Beiträge werden dort aufgeteilt und an die entsprechenden Sozialversicherungsträger weitergeleitet. Versicherungsträger im Rahmen der genannten Sozialversicherung sind:

Krankenversicherung
Allgemeine Ortskrankenkassen oder Ersatz- und Betriebskrankenkassen
Leistungsfälle u. a. ambulante Arztbehandlung, Krankenhauspflege, Vorsorgeuntersuchungen

Pflegeversicherung
Unter dem Dach der Krankenversicherung
Leistungsfälle: Übernahme bzw. Zuschuss für ambulante und stationäre Pflegedienste

Arbeitslosenversicherung (Arbeitsförderung)
Bundesagentur für Arbeit in Nürnberg
Leistungsfälle: u. a. Berufsberatung, Arbeitsvermittlung, Arbeitslosengeld, Finanzierung von Umschulungsmaßnahmen

Rentenversicherung
Deutsche Rentenversicherung Bund in Berlin (keine Unterscheidung mehr zwischen Angestellten und Arbeitern)
Leistungsfälle: u. a. Altersruhegeld, Heilbehandlung (Kur), Halbwaisenrente, berufliche Rehabilitation

Zu 4. Die Berufsgenossenschaften sind die Träger der gesetzlichen Unfallversicherung im Rahmen der gesetzlichen Sozialversicherungspflicht. Die Beiträge werden vom Arbeitgeber alleine getragen und direkt an die zuständige Berufsgenossenschaft abgeführt.

Leistungsfälle: u. a. Unfallverhütung (Vorschriften/Überwachung), Heilbehandlung nach Arbeitsunfällen oder Berufskrankheiten, Reha-Maßnahmen

Zu 5. Die Industrie- und Handelskammern sind Körperschaften des öffentlichen Rechts.
Aufgaben: u. a. Regelung/Überwachung der Berufsausbildung, Interessenvertretung ihrer Mitglieder, Förderung der regionalen Wirtschaft (z. B. Existenzgründungsberatung, Fortbildungslehrgänge).

9.22

Der **Betriebsrat** hat nach dem Betriebsverfassungsgesetz ein Mitbestimmungsrecht in

- **sozialen Angelegenheiten**, wie **Regelung von Arbeitszeit und Pausen**, Zeit und Ort der Auszahlung der Arbeitsentgelte, Urlaubsplanung, Berufsausbildung, Verwaltung von betrieblichen Sozialeinrichtungen, Betriebsordnung, Festlegung von Akkord- und Stücklohnsätzen und **Aufstellung von Entlohnungsgrundsätzen** sowie Einführung von neuen Entlohnungsformen BetrVG §§ 87 ff).

- **personellen Angelegenheiten**, Auswahlrichtlinien wie Einstellung, Umgruppierung, Versetzung und Entlassung von Betriebsangehörigen, Beurteilungsgrundsätzen, Personalfragebogen (BetrVG §§ 92 ff).

- **wirtschaftlichen Angelegenheiten**. Hier besteht keine echte Mitbestimmung, jedoch müssen geplante Betriebsänderungen, wie Einschränkung oder Stilllegung des Betriebes, Verlegung an einen anderen Ort, Zusammenschluss mit anderen Betrieben, grundlegende Änderung des Betriebszwecks, Einführung grundlegend neuer Arbeitsmethoden, dem Betriebsrat mitgeteilt und mit ihm beraten werden (BetrVG §§ 106 ff).

1., 2., 4. und **5.** gehören zu wirtschaftlichen Angelegenheiten.

3

6

7

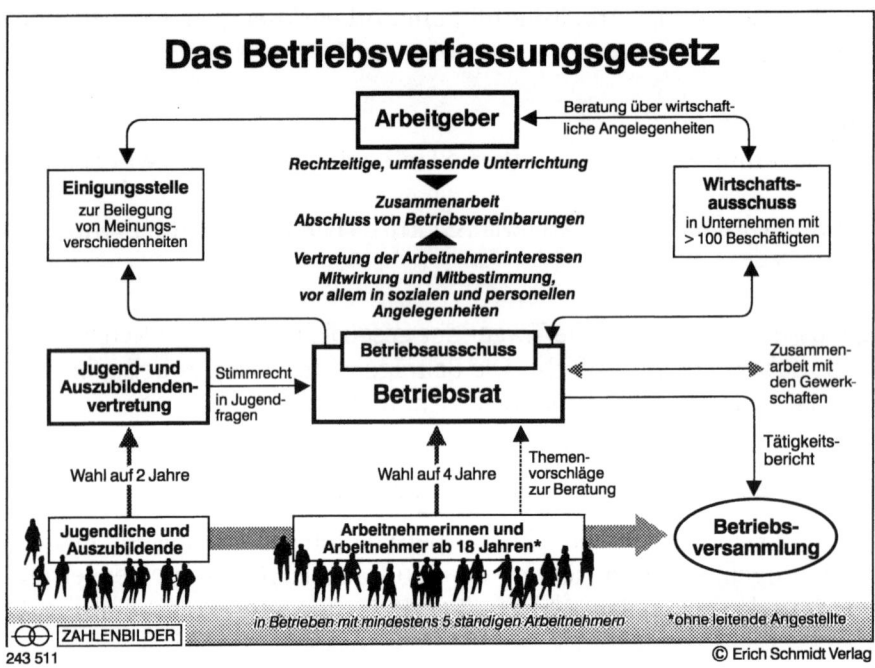

Das Betriebsverfassungsgesetz (BetrVG) regelt die Interessenvertretung der Arbeitnehmer in den Betrieben der privaten Wirtschaft. Es ermöglicht die Bildung von **Betriebsräten**, die als gewählte Vertretungsorgane der Beschäftigten über abgestufte Beteiligungsrechte in sozialen, personellen und wirtschaftlichen Angelegenheiten verfügen und dadurch in die betrieblichen Entscheidungsprozesse einbezogen sind. Betriebsräte und Arbeitgeber sollen vertrauensvoll zusammenarbeiten; von beiden Seiten sind Arbeitskampfmaßnahmen oder andere Betätigungen, die den Arbeitsablauf oder den Betriebsfrieden stören können, zu unterlassen.

Die **Rechte des Betriebsrats** lassen sich in Mitwirkungs- und Mitbestimmungsrechte unterscheiden. Zur Mitwirkung gehört das Recht auf Information. Das BetrVG bestimmt, dass der Arbeitgeber den Betriebsrat umfassend über alles zu unterrichten hat, was zur Wahrnehmung der Arbeitnehmerrechte von Bedeutung ist. Beratungs- und Vorschlagsrechte stehen dem Betriebsrat zu, wenn es um Fragen der Personalplanung und der Beschäftigungssicherung, um neue technische Anlagen, Arbeitsverfahren oder Arbeitsabläufe geht. In Betrieben mit mehr als 20 Arbeitnehmern kann der Betriebsrat personellen Einzelmaßnahmen (wie Einstellung, Kündigung oder Umgruppierung) widersprechen; die letzte Entscheidung liegt dann beim Arbeitsgericht. Über Mitbestimmungsrechte verfügt er darüber hinaus in sozialen Angelegenheiten (betriebliche Arbeitszeit- und Urlaubsregelung, Lohngestaltung, Sozialeinrichtungen usw.).

9.23

Der **Betriebsrat** hat nach dem Betriebsverfassungsgesetz ein Mitbestimmungsrecht in

- sozialen Angelegenheiten

- personellen Angelegenheiten

- wirtschaftlichen Angelegenheiten

Vgl. Lösung zu Aufgabe 9.22.

Antwort **5.** gehört zu den personellen Angelegenheiten.

5

Zu 1. und **3.** Diese Aufgaben gehören zu den sozialen Angelegenheiten.

Zu 2. und **4.** Diese Aufgaben gehören zu den wirtschaftlichen Angelegenheiten.

Zu 6. Die Wochenarbeitszeit wird im Tarifvertrag geregelt.

9.24

In Betrieben mit in der Regel mindestens fünf Arbeitnehmern, die das 18. Lebensjahr noch nicht vollendet haben (jugendliche Arbeitnehmer) oder die zu ihrer Berufsausbildung beschäftigt sind und das 25. Lebensjahr noch nicht vollendet haben, werden Jugend- und Auszubildendenvertretungen gewählt (BetrVG § 60 Abs. 1). Aktives Wahlrecht ist das Recht zu wählen; passives Wahlrecht ist das Recht, sich als Kandidat für eine Wahl aufstellen zu lassen.

Das aktive Wahlrecht bei der Wahl der Jugend- und Auszubildendenvertretung haben **nur jugendliche Arbeitnehmer und Auszubildende bis zur Vollendung des 25. Lebensjahres.**

3

Zu 1. Die volljährigen Auszubildenden bis zur Vollendung des 25. Lebensjahres werden hier nicht berücksichtigt; daher trifft diese Aussage nicht zu.

Zu 2. Es fehlen in dieser Aussage die jugendlichen Arbeitnehmer und die Angabe der Altersobergrenze der Auszubildenden.

Zu 4. Die Zugehörigkeit zu einer Gewerkschaft ist keine Voraussetzung für das aktive Wahlrecht.

Zu 5. Hier wird auf das Alter der Beschäftigten keine Rücksicht genommen.

9.25

Die Feststellungen **2.** und **6.** sind **zutreffend**.

| 2 | 6 |

Zu 2. Während der Kernzeit – ausgenommen die Mittagspause – ist die Anwesenheit aller Arbeitnehmer am Arbeitsplatz Pflicht.

Zu 6. Diese Aussage ist für die Gleitzeit zutreffend. Jeder Arbeitnehmer kann – unter Beachtung der betrieblichen Notwendigkeiten – Beginn und Ende seiner täglichen Arbeitszeit innerhalb der festgelegten Gleitzeitspannen selbst bestimmen.

Die Aussagen **1., 3., 4.** und **5.** sind **falsch**.

Zu 1. Im Tarifvertrag wird die Wochenarbeitszeit festgelegt. Flexible Arbeitszeitgestaltung ist unternehmensbezogen und kann in einer Betriebsvereinbarung festgelegt werden.

Zu 3. In diesem Fall wäre keine Gleitzeit möglich, da die Kernzeit die Wochenarbeitszeit voll beansprucht.

Zu 4. Generell für die Gleitzeit nicht zutreffend. In diesem Fall kann nur das Arbeitszeitende flexibel gestaltet werden.

Zu 5. Die Gleitzeitspannen werden in einer Betriebsvereinbarung festgelegt.

10.01

Das Tragen eines weißen Kittels im Labor dient zum Schutz der privaten Kleidung, nicht zum Schutz vor gesundheitlicher Gefährdung.

| 1 |

Alle anderen Aussagen betreffen den Arbeitsschutz.

Zu 2. Gemäß § 3 (1) ArbSchG und § 3 der ArbeitsmittelbenutzungsVO gehört es zu den Grundpflichten des Arbeitgebers, nur solche Arbeitsmittel zuzulassen, die Sicherheit und Gesundheitsschutz der Arbeitnehmer gewährleisten.

Zu 3. Das Arbeitsverbot wird im Mutterschutzgesetz (MuSchG) § 3 Abs. 2 und § 6 Abs. 1 geregelt.

Zu 4. Laut Jugendarbeitsschutzgesetz (JArbSchG) beträgt die Höchstarbeitszeit 8 Stunden täglich (§ 8 Abs. 1); günstigere Regelungen durch den Tarifvertrag haben Vorrang.

Zu 5. Unabdingbare Voraussetzung für eine wirkungsvolle Unfallverhütung ist die regelmäßige Schulung des im Unternehmen beauftragten Personenkreises.

---

§ 3 Grundpflichten des Arbeitgebers

(1) Der Arbeitgeber ist verpflichtet, die erforderlichen Maßnahmen des Arbeitsschutzes unter Berücksichtigung der Umstände zu treffen, die Sicherheit und Gesundheit der Beschäftigten bei der Arbeit beeinflussen. Er hat die Maßnahmen auf ihre Wirksamkeit zu überprüfen und erforderlichenfalls sich ändernden Gegebenheiten anzupassen. Dabei hat er eine Verbesserung von Sicherheit und Gesundheitsschutz der Beschäftigten anzustreben.

(2) Zur Planung und Durchführung der Maßnahmen nach Absatz 1 hat der Arbeitgeber unter Berücksichtigung der Art der Tätigkeiten und der Zahl der Beschäftigten

1. für eine geeignete Organisation zu sorgen und die erforderlichen Mittel bereitzustellen sowie

2. Vorkehrungen zu treffen, daß die Maßnahmen erforderlichenfalls bei allen Tätigkeiten und eingebunden in die betrieblichen Führungsstrukturen beachtet werden und die Beschäftigten ihren Mitwirkungspflichten nachkommen können.

(3) Kosten für Maßnahmen nach diesem Gesetz darf der Arbeitgeber nicht den Beschäftigten auferlegen.

Arbeitsschutzgesetz (ArbSchG) – Auszug

Kernaussage des Arbeitsschutzgesetzes: Jeder Arbeitsplatz ist auf Gefahren für das Leben und die Gesundheit der Mitarbeiter zu untersuchen. Unternehmen müssen Unterlagen bereithalten, die alle Ergebnisse der Gefährdungsanalyse und die dazugehörenden Arbeitsschutzmaßnahmen dokumentieren:

– physische Belastung (z. B. statische/dynamische Muskelarbeit)

– Klima (z. B. Lufttemperatur, -feuchte und -geschwindigkeit)

– Gefahrstoffe (z. B. Staub, Rauch, gasförmige Stoffe)

– Bildschirmarbeitsplätze

– Beleuchtung (z. B. Beleuchtungsstärke, Lichtrichtung, Abschirmung gegen Sonneneinstrahlung)

– Lärm (z. B. Bürotätigkeit max 70 dB(A), überwiegend geistige Tätigkeit max. 55 dB(A))

– Psychische Belastung (z. B. Monotonie, Über-/Unterforderung, Mobbing)

10.02

Der Sturz bzw. die zugezogene Verletzung auf der Fahrt zum Bahnhof (Kauf einer Monatskarte für die anschließende Fahrt zur Ausbildungsstätte) gilt als Wegeunfall im Sinne der gesetzlichen Unfallversicherung (SGB VII § 8). **4**

Alle anderen Fälle **1.** bis **3.** und **5.** zählen **nicht** dazu.

---

§ 8 Arbeitsunfall

(1) $_1$Arbeitsunfälle sind Unfälle von Versicherten infolge einer den Versicherungsschutz nach § 2, 3 oder 6 begründenden Tätigkeit (versicherte Tätigkeit). $_2$Unfälle sind zeitlich begrenzte, von außen auf den Körper einwirkende Ereignisse, die zu einem Gesundheitsschaden oder zum Tod führen.

(2) Versicherte Tätigkeiten sind auch

1. das Zurücklegen des mit der versicherten Tätigkeit zusammenhängenden unmittelbaren Weges nach und von dem Ort der Tätigkeit,

2. das Zurücklegen des von einem unmittelbaren Weg nach und von dem Ort der Tätigkeit abweichenden Weges, um

   a) Kinder von Versicherten (§ 56 des Ersten Buches), die mit ihnen in einem gemeinsamen Haushalt leben, wegen ihrer oder ihrer Ehegatten beruflichen Tätigkeit fremder Obhut anzuvertrauen oder

   b) mit anderen Berufstätigen oder Versicherten gemeinsam ein Fahrzeug zu benutzen,

3. das Zurücklegen des von einem unmittelbaren Weg nach und von dem Ort der Tätigkeit abweichenden Weges der Kinder von Personen (§ 56 des Ersten Buches), die mit ihnen in einem gemeinsamen Haushalt leben, wenn die Abweichung darauf beruht, daß die Kinder wegen der beruflichen Tätigkeit dieser Personen oder deren Ehegatten fremder Obhut anvertraut werden,

4. das Zurücklegen des mit der versicherten Tätigkeit zusammenhängenden Weges von und nach der ständigen Familienwohnung, wenn die Versicherten wegen der Entfernung ihrer Familienwohnung von dem Ort der Tätigkeit an diesem oder in dessen Nähe eine Unterkunft haben,

5. das mit einer versicherten Tätigkeit zusammenhängende Verwahren, Befördern, Instandhalten und Erneuern eines Arbeitsgeräts oder einer Schutzausrüstung sowie deren Erstbeschaffung, wenn diese auf Veranlassung der Unternehmer erfolgt.

(3) Als Gesundheitsschaden gilt auch die Beschädigung oder der Verlust eines Hilfsmittels.

Sozialgesetzbuch (SGB) Siebtes Buch (VII) –
Auszug Gesetzliche Unfallversicherung (SGB VII)

10.03

Das Gesetz über Betriebsärzte, Sicherheitsingenieure und andere Fachkräfte für Arbeitssicherheit bestimmt in § 5 Abs. 1:

„Der Arbeitgeber hat Fachkräfte für Arbeitssicherheit (Sicherheitsingenieure, -techniker, -meister) schriftlich zu bestellen". Die Aufgaben der Fachkräfte für Arbeitssicherheit werden in § 6 und die Anforderungen in § 7 ArbSichG aufgeführt. **6**

10.04

Der **Sicherheitsbeauftragte** wird nach §§ 22 und 23 SGB VII vom Unternehmer (Geschäftsführung) unter Mitbestimmung des Betriebsrates bestellt.
(Siehe dazu unten stehenden Auszug aus der Reichsversicherungsordnung).

Seine Aufgabe ist es, **den Unternehmer** sowie dessen Beauftragte **(Sicherheitskräfte) im Arbeitsschutz zu unterstützen.**

5

Die Aussagen **1., 2., 3.** und **4.** sind somit **falsch.**

Die Sicherheitskräfte werden ebenso wie der Sicherheitsbeauftragte vom Unternehmer unter Mitwirkung des Betriebsrates bestellt. In der Regel sind dies Ingenieure, Techniker oder Meister mit besonderer Sicherheitsausbildung. Sie sollen den Unternehmer beraten, für ihn Sicherheitsbelange beobachten, Unfälle untersuchen etc.

Weitere Überwachungsbeamte sind:

- Beamte der Gewerbeaufsichtsbehörde (Amt für Arbeitsschutz; Amt für Umweltschutz).
  Sie beraten und überwachen Gewerbebetriebe, nehmen Unfalluntersuchungen vor usw.

- Technische Aufsichtsbeamte
  Sie beraten und überwachen Mitgliedsunternehmen, erforschen Unfallursachen, nehmen eine technische Prüfung von Arbeitsmitteln und -stoffen vor, wirken bei der Erarbeitung neuer Unfallverhütungsvorschriften mit.

§ 719 (Sicherheitsbeauftragte)

(1) In Unternehmen mit mehr als 20 Beschäftigten hat der Unternehmer einen oder mehrere Sicherheitsbeauftragte zu bestellen. Die Bestellung hat unter Mitwirkung des Betriebsrates (Personalrates) zu erfolgen. Die Berufsgenossenschaften können für Betriebe mit geringer Unfallgefahr die Zahl 20 in ihrer Satzung erhöhen. Als Beschäftigte im Sinne des Satzes 1 gelten auch die nach § 539 Abs. 1 Nr. 14 Versicherten.

(2) Die Sicherheitsbeauftragten haben den Unternehmer bei der Durchführung des Unfallschutzes zu unterstützen, insbesondere sich von dem Vorhandensein und der ordnungsgemäßen Benutzung der vorgeschriebenen Schutzvorrichtungen fortlaufend zu überzeugen.

(3) Die Sicherheitsbeauftragten dürfen wegen der Erfüllung der ihnen übertragenen Aufgaben nicht benachteiligt werden.

(4) Werden mehr als drei Sicherheitsbeauftragte bestellt, so bilden sie aus ihrer Mitte einen Sicherheitsausschuß; dies gilt nicht, wenn Betriebsärzte oder Fachkräfte für Arbeitssicherheit für den Betrieb bestellt sind. Der Unternehmer oder sein Beauftragter sollen mindestens einmal im Monat mit den Sicherheitsbeauftragten oder, soweit ein solcher vorhanden ist, mit dem Sicherheitsausschuß unter Beteiligung des Betriebsrates (Personalrates) zum Zweck des Erfahrungsaustausches zusammentreffen.

(5) In den Unfallverhütungsvorschriften ist die Zahl der Sicherheitsbeauftragten unter Berücksichtigung der nach der Eigenart der Unternehmen bestehenden Unfallgefahren und der Zahl der Arbeitnehmer zu bestimmen.

§ 720 (Ausbildungslehrgänge)

(1) Die Berufsgenossenschaften haben für die erforderliche Ausbildung der Personen zu sorgen, die mit der Durchführung des Arbeitsschutzes und der Unfallverhütung in den Unternehmen betraut sind und Mitglieder und Versicherte zur Teilnahme an Ausbildungslehrgängen anzuhalten.

(2) Die Berufsgenossenschaften tragen die unmittelbaren Ausbildungskosten sowie die erforderlichen Fahrt-, Unterbringungs- und Verpflegungskosten.

(3) Für die Arbeitszeit, die wegen Teilnahme an einem Ausbildungslehrgang ausgefallen ist, hat der Versicherte Anspruch auf ungemindertes Arbeitsentgelt.

(4) Bei der Ausbildung von Fachkräften für Arbeitssicherheit und Sicherheitsbeauftragten (§ 719) sind die nach Landesrecht für den Arbeitsschutz zuständigen Landesbehörden zu beteiligen.

Auszug aus der Reichsversicherungsordnung (RVO)

10.05

a) Erste Hilfe Maßnahme bei Bewusstlosigkeit:

- Feststellung der Atmung

- Stabile Seitenlage

- Hilfe herbei holen.

5

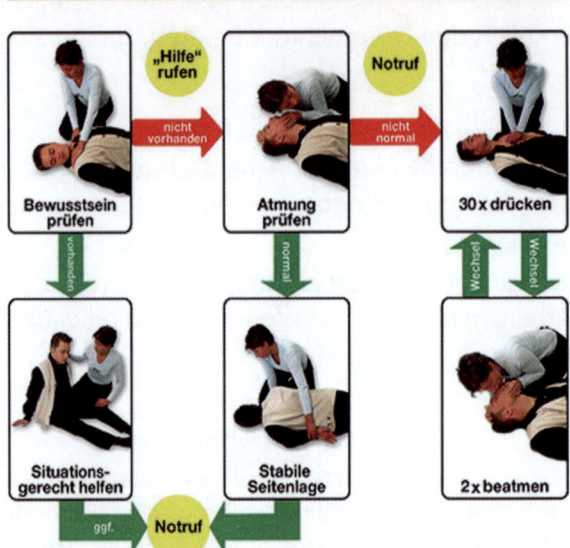

b) Im Falle eines Arbeitsunfalls muss das Unternehmen einen ausführlichen Unfallbericht erstellen und diesen an die zuständige Berufsgenossenschaft schicken.

4

Die **Berufsgenossenschaften** sind Träger der gesetzlichen Unfallversicherung im Rahmen der Sozialversicherungspflicht (vgl. Lösung zu Aufgabe 8.11).

Zu den Aufgaben der Berufsgenossenschaften gehören u. a.

- die Erstellung und Überwachung der Unfallverhütungsvorschriften

- Heilbehandlung nach Arbeitsunfällen

- Reha-Maßnahmen.

Zu 1. Die **Krankenkassen** haben im Zusammenhang mit einem Arbeitsunfall keine Leistungen zu erbringen.

Zu 2. Das **Amt für Arbeitssicherheit** (früher: Gewerbeaufsichtsamt) überwacht die Einhaltung der Gewerbeordnung.

Zu 3. Die **Industrie- und Handelskammern** sind u. a. zuständig für die Überwachung der Berufsausbildung und Schlichtung von Wettbewerbsstreitigkeiten.

Zu 6. Der **TÜV** (**T**echnischer **Ü**berwachungs-**V**erein) überprüft die Maschinen und Anlagen auf ihre Sicherheit (TÜV-Plakette).

10.06

Die „Verordnung über Sicherheit und Gesundheitsschutz bei der Arbeit an Bildschirmgeräten" (Bild-schirmarbeitsverordnung – BildscharbV) gilt **nicht** für Schreibmaschinen klassischer Bauart mit einem Display.

Aussage **2.** ist also **falsch**.

2

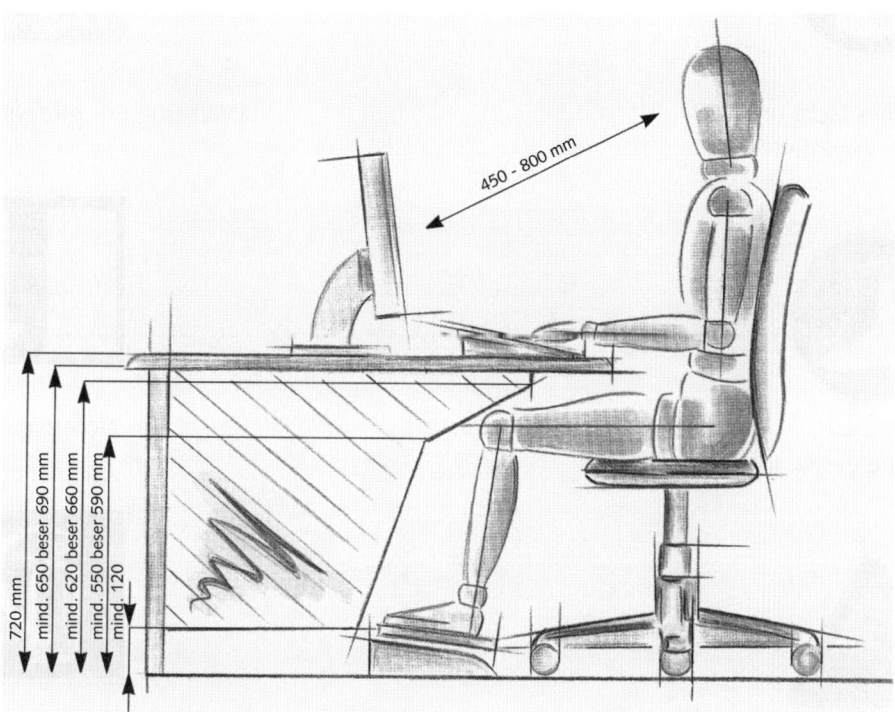

450 - 800 mm

720 mm
mind. 650 beser 690 mm
mind. 620 beser 660 mm
mind. 550 beser 590 mm
mind. 120

Beispiel eines ergonomisch gestalteten Bildschirm-Arbeitsplatzes

Quelle: Verwaltungs-Berufsgenossenschaft

10.07

In der Unfallverhütungsvorschrift „Sicherheits- und Gesundheitsschutzkennzeichnung am Arbeitsplatz" (VGB 125) sind Sicherheitszeichen aufgeführt, die Gefahrenlagen und Hinweise abbilden.

Der innerbetriebliche Verkehr wird mit den vorgeschriebenen Verkehrszeichen für den öffentlichen Straßenverkehr geregelt.

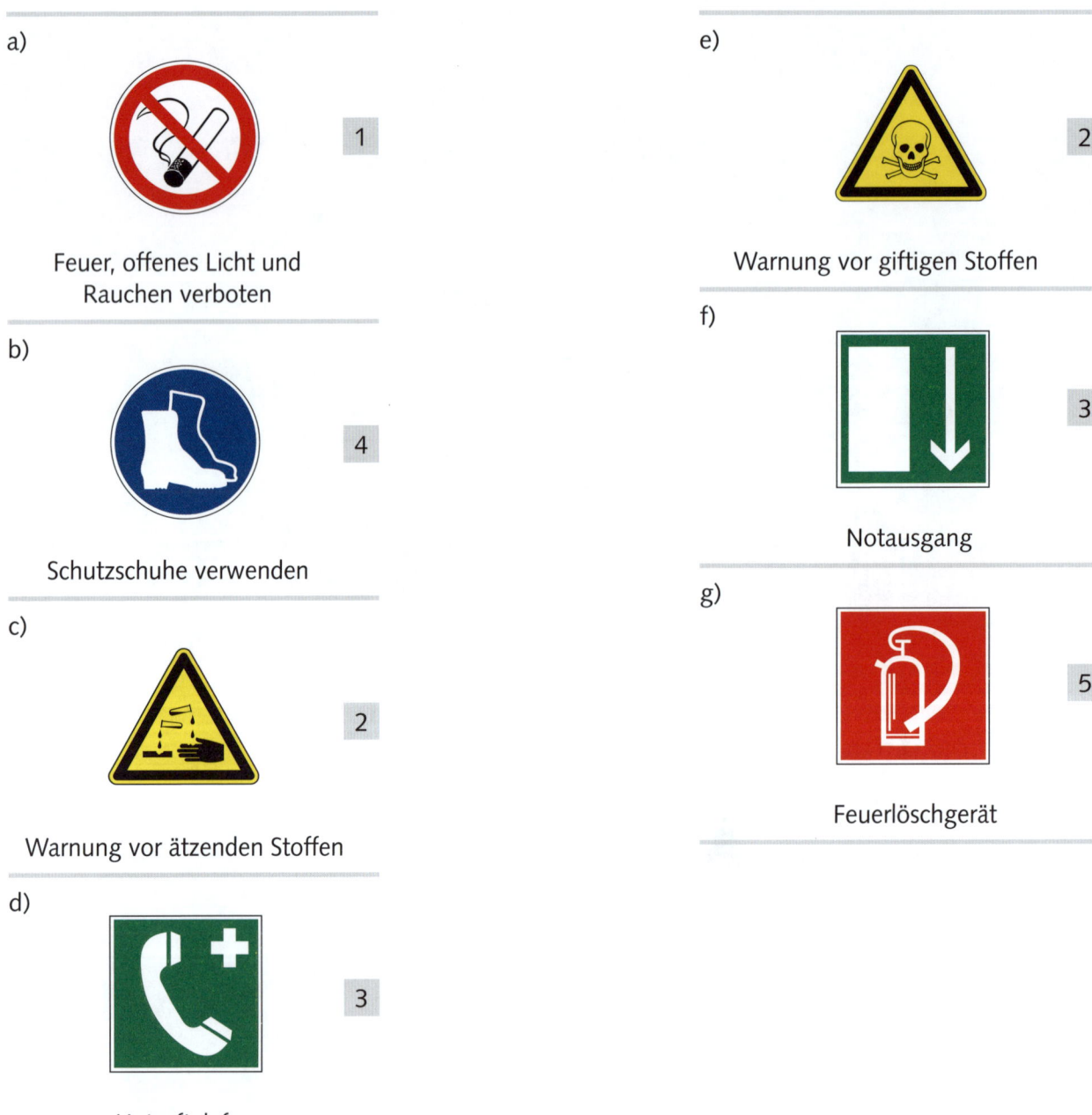

a)

1

Feuer, offenes Licht und
Rauchen verboten

b)

4

Schutzschuhe verwenden

c)

2

Warnung vor ätzenden Stoffen

d)

3

Notruftelefon

e)

2

Warnung vor giftigen Stoffen

f)

3

Notausgang

g)

5

Feuerlöschgerät

10.08

Der Nichtraucherschutz spielt nicht nur im öffentlichen Leben, sondern auch im betrieblichen Alltag eine große Rolle – nicht nur für Frauen, die unter dem Schutz des Mutterschutzgesetzes stehen!

Die **Arbeitsstättenverordnung** regelt in § 5 den Nichtraucherschutz

§ 5 Nichtraucherschutz

(1) Der Arbeitgeber hat die erforderlichen Maßnahmen zu treffen, damit die nicht rauchenden Beschäftigten in Arbeitsstätten wirksam vor den Gesundheitsgefahren durch Tabakrauch geschützt sind.

(2) In Arbeitsstätten mit Publikumsverkehr hat der Arbeitgeber Schutzmaßnahmen nach Absatz 1 nur insoweit zu treffen, als die Natur des Betriebes und die Art der Beschäftigung es zulassen

Verordnung über Arbeitsstätten (Arbeitsstättenverordnung, ArbStättV) – Auszug

Die zutreffende Lösung lautet **3.**

3

Zu 1. Die „**Verordnung über Sicherheit und Gesundheitsschutz bei der Arbeit an Bildschirmgeräten"** (**BildschArbV**) regelt die Mindestanforderungen, wie ein Bildschirmarbeitsplatz auszusehen hat, um vorbeugenden Gesundheitsschutz zu bieten. Darin ist u. a. festgelegt, dass jeder Bildschirmarbeitsplatz – unabhängig von Dauer und Intensität der Nutzung – ergonomische Anforderungen erfüllen muss; diese beziehen sich auf

- den Bildschirm

- die Tastatur

- die eingesetzte Software

- sonstige Arbeitsmittel bei der Bildschirmarbeit

Der Arbeitgeber hat den Computer-Arbeitsplatz hinsichtlich einer möglichen Gefährdung des Sehvermögens sowie physischer Probleme und psychischer Belastungen zu beurteilen.

Zu 2. Das **Mutterschutzgesetz (MuSchG)** gilt für alle betroffenen Frauen, die in einem Arbeitsverhältnis stehen. Es sieht u. a. für einen bestimmten Zeitraum einen besonderen Kündigungsschutz vor: Vom Beginn der Schwangerschaft an bis zum Ablauf von vier Monaten nach der Entbindung ist die Kündigung des Arbeitsverhältnisses durch das Unternehmen bis auf wenige Ausnahmen unzulässig.

Zu 4. Das **Arbeitszeitgesetz (ArbZG)** trifft Regelungen zur Arbeitszeit, arbeitsfreien Zeit und zu Ruhepausen.

Zu 5. Das **Jugendarbeitsschutzgesetz (JArbSchG)** regelt den Arbeitsschutz für Kinder und Jugendliche. Es bestimmt u. a., dass Jugendliche zwischen 15 und 18 Jahren höchstens 8 Stunden am Tag und 40 Stunden pro Woche beschäftigt werden dürfen und macht Aussagen über den Mindesturlaub, den ein Jugendlicher je nach Alter zu beanspruchen hat.

10.09

Der Sicherheit dienen alle **rechtlichen Vorschriften**, die in den Arbeitsprozess zum Schutz der Gesundheit der arbeitenden Menschen einwirken.

Dazu gehören u. a.

- das Arbeitszeitgesetz
- das Jugendarbeitsschutzgesetz
- die Verordnung über Arbeitsstoffe
- die Arbeitsstättenverordnung
- das Mutterschutzgesetz
- das Arbeitsschutzgesetz
- die Bildschirmarbeitsverordnung

Sie werden durch betriebliche **Maßnahmen** umgesetzt.

Dazu gehören u. a.

- Ver- und Gebotsschilder (siehe Nebenseite)
- Sicherheitsplaketten, Warnzeichen (siehe Nebenseite)
- Fluchtwegkennzeichnungen (siehe Zeichen „Rettungsweg" auf der Nebenseite)
- Informationsmaterial der Berufsgenossenschaft

a) 1
b) 2
c) 2
d) 1
e) 2
f) 2
g) 1
h) 2

§ 1 Zweck des Gesetzes

Zweck des Gesetzes ist es,

1. die Sicherheit und den Gesundheitsschutz der Arbeitnehmer bei der Arbeitszeitgestaltung zu gewährleisten und die Rahmenbedingungen für flexible Arbeitszeiten zu verbessern sowie

2. den Sonntag und die staatlich anerkannten Feiertage als Tage der Arbeitsruhe und der seelischen Erhebung der Arbeitnehmer zu schützen.

...

§ 3 Arbeitszeit der Arbeitnehmer

Die werktägliche Arbeitszeit der Arbeitnehmer darf acht Stunden nicht überschreiten. Sie kann auf bis zu zehn Stunden nur verlängert werden, wenn innerhalb von sechs Kalendermonaten oder innerhalb von 24 Wochen im Durchschnitt acht Stunden werktäglich nicht überschritten werden.

Arbeitszeitgesetz (ArbZG) – Auszug

Fortsetzung auf der nächsten Seite.

Fortsetzung

10.09

1. Verbotszeichen

Rauchen verboten	Verbot, mit Wasser zu löschen	Für Fußgänger verboten	Kein Trinkwasser

2. Warnzeichen

Warnung vor feuergefährlichen Stoffen	Warnung vor einer Gefahrenstelle	Warnung vor giftigen Stoffen	Warnung vor ätzenden Stoffen

3. Gebotszeichen

Augenschutz tragen	Schutzhelm tragen	Gehörschutz tragen	Atemschutz tragen

4. Sonstige Zeichen

Hinweis auf „Erste Hilfe"	Rettungsweg (über dem Ausgang anzubringen)	Rettungsweg (Richtungsangabe für Rettungsweg)

11.01

Immer mehr Unternehmer (z. B. Henkel, Adidas, RWE) investieren in den Umweltschutz und informieren ihre „Stakeholder" (Interessengruppen) über ihre Aktivitäten zu **„Nachhaltigem Wirtschaften"** **(Corporate Sustainability).**

Typische **Beispiele für unternehmerische Projekte** zielen auf

– den effizienten Einsatz von Ressourcen

– Vermeidung/Verringerung von Abfällen und Schadstoffen

– Sicherung qualifizierter Arbeitsplätze

– Kontrolle angemessener sozialer Standards (u. a. der Zuliefererfirmen).

Im Detail können dies sein:

– Einsatz recycelfähiger Teile zur Verringerung von Schrott

– Zertifizierung der Produktion

– Umstellung von Luft- auf Seefracht, von Lkw- auf Bahntransport

– sorgfältige Abfalltrennung

– Einsatz regenerativer Energien (Solar-/Windkraft)

– Verringerung der Kohlenmonoxidemission

– Einsatz aktueller Wassertechnologie

– Schutz der natürlichen Ressourcen

– Schutz der Beschäftigten vor Giftstoffen und chemischen Substanzen

– Zusammenarbeit mit u. a. Umweltverbänden/Öffentlichkeit

– Vermeidung aufwändiger Dienstreisen (Ersatz: Videokonferenzen)

– Qualifizierung der Beschäftigten

– Kontrolle der Arbeitsbedingungen (auch bei Zuliefererfirmen aus industriellen Schwellenländern, z. B. hinsichtlich der Beachtung der Menschenrechte, Verbot von Kinderarbeit etc.)

Die in Aufgabe 11.01 unter **4.** genannte Maßnahme ist umweltschädlich, da sie dem Abholzen der tropischen Regenwälder keinen Einhalt gebietet, sondern dies sogar noch fördert.

4

11.02

Als Markenzeichen für umweltbewußtes Verhalten gilt das sog. **EU-Öko-Audit-System** (EU-Verordnung Nr. 1836/93), das Unternehmen erlaubt, eigene Umweltziele zu definieren, statt wie bisher, nur auf staatliche Auflagen und Vorgaben zu reagieren. Die Teilnahme am EU-Öko-Audit ist freiwillig. Unternehmen, die daran teilnehmen, müssen sich an die Regeln/Anforderungen der Verordnung halten und sich diese von einem unabhängigen Umweltgutachter bescheinigen lassen.

Anforderungen der Verordnung:

- ein Umweltprogramm mit überprüfbaren Zielen aufstellen
- ein Umweltmanagementsystem (UMS) aufbauen
- die Umweltsituation durch regelmäßige Betriebsprüfungen nach objektiven Kriterien ermitteln und bewerten
- eine Umwelterklärung über die Umweltleistungen erstellen und die Öffentlichkeit darüber informieren.

Immer mehr Unternehmen erkennen, dass die Umweltverträglichkeit ein Qualitätsmerkmal ist, unterziehen ihr Umweltmanagementsystem einem Öko-Audit und lassen sich nach der ersten weltweit gültigen „Umwelt-Norm" ISO 14001 (International **O**rganization for **S**tandardization) zertifizieren.

Vorteile für das Unternehmen:

- Umweltschutz wird bei allen Entscheidungsprozessen berücksichtigt
- Umweltschutzmanagement verbessert das Firmenimage
- Offensiver Umweltschutz wird vom Verbraucher honoriert.

Beispiel **2.** ist **nicht** Gegenstand des „Öko-Audits". 　　　　　　　　　　　　2

Die Verbesserung der Unternehmensrentabilität ist eine Kennziffer zur betrieblichen Gewinnsituation, die außerhalb der ökologischen Zielsetzungen ermittelt wird.

$$\text{Unternehmensrentabilität} = \frac{(\text{Gewinn} + \text{Fremdkapitalzinsen}) \times 100}{\text{Gesamtkapital}}$$

Öko-Audit

Der Nutzen für den Betrieb

Die Auswirkungen des EU-Umwelt-Audits bewerteten Unternehmen auf einer Skala von -2 (kaum Auswirkungen) bis 2 (große Auswirkungen) wie folgt:

	-0,5	0,5	1,0	1,5
Besseres Firmenimage			1,01	
Risikominderung			0,85	
Marketingmöglichkeit		0,45		
Ressourceneinsparung		0,29		
Umweltverträglichkeit der Produkte		0,28		
Marktvorsprung		0,06		
Mitarbeitermotivation		0,02		
Markt-/Kundenbindung	-0,08			
Kosteneinsparung	-0,28			

Umfrage bei 139 Unternehmen aus Nordrhein-Westfalen
Quellen: Umweltakademie Fresenius; IW 　　　　　　GSW/1340

11.03

Der Vorschlag **4.** ist nicht geeignet, Energiekosten einzusparen.

4

Die Einführung der Just-in-time-Belieferung führt in der Regel zu einer Erhöhung der Transportkosten und damit zu einer Erhöhung der Energiekosten.

Alle anderen Aussagen sind richtig.

Maßnahmen zur Energiekosteneinsparung sind u. a.

– Einbau von Fenstern mit Isolierverglasung

– Einsatz von Energiesparlampen

– Kauf von Elektrogeräten mit geringem Stromverbrauch

– Verringerung des Stand-by-Betriebes von Elektrogeräten

– Installation von Solarzellen

– Temperaturregelung über Außenfühler

– Wärmedämmung an Gebäuden

11.04

Das Umweltzeichen **„Blauer Engel"** ist ein Prüf-/Gütesiegel und wird von der unabhängigen 13-köpfigen Jury „Umweltzeichen" vergeben. Die Kriterien, nach denen das Siegel vergeben wird, wurden vom Umweltbundesamt festgelegt und werden ständig überarbeitet.

Grundlage für die Kriterien sind

– eine umweltfreundliche Produktion

– ausreichender Arbeitsschutz

– umweltfreundliche Eigenschaften des Produktes (z. B. Energieeffizienz/Schadstoffarmut).

Die Palette der Produkte reicht von FCKW-freien Produkten (z. B. Kühlschränken/Haarspray) über umweltfreundliche Tapeten bis zu Rasenmähern. Zahlenmäßige Spitzenreiter sind Farbe und Lacke, Recycling-Papier, Elektronik-Produkte (Computer/Kopierer).

Die Feststellungen **1.** bis **3.** zu dem Umweltzeichen Blauer Engel sind zutreffend.

Der **„Grüne Punkt"** ist ein geschütztes Markenzeichen der „Duales System Deutschland (DSD) GmbH" und kennzeichnet Verkaufsverpackungen in Deutschland und 23 europäischen Staaten, die entsprechend gesammelt (u. a. Gelbe Tonne, Glas-/Papiertonne) und entsorgt/wiederaufbereitet werden. Die Feststellung **4.** ist daher zutreffend.

Das Zeichen sagt nichts über die Qualität und/oder Umweltfreundlichkeit aus.

Die Feststellung **5.** ist daher **nicht** zutreffend.

5

11.05

A und O des Recyclings ist die **saubere Abfalltrennung.** Durch das Aufstellen von entsprechenden Wertstoffbehältern und deren verantwortungsvolle Nutzung der Mitarbeiter wird ein wichtiger Beitrag zum Umweltschutz geleistet. Insgesamt sind sechs Abfallfraktionen zu unterscheiden:

– Verpackungsabfälle aus Glas
– Verpackungsabfälle aus Papier
– Leichtverpackungsabfälle (LVP) aus u. a . Kunststoff, Alu, Verbundmaterialien
– Bioabfall
– Sonderabfall/Sondermüll
– Restmüll

Außer Umweltschutzgesichtspunkte sind im bürowirtschaftlichen Alltag aber auch noch die Kriterien des Datenschutzes sowie der Möglichkeit des Missbrauchs von Datenträgern (in Papierform oder als digitale Datenträger) zu berücksichtigen. Es muss sichergestellt werden, dass diese Datenträger nicht der allgemeinen Abfallentsorgung zugeführt werden, sondern separat entsprechend vernichtet werden. Dazu stehen Aktenvernichter (Dokumentenvernichter) und entsprechende Shredder für CDs/DVDs zur Verfügung.

Wichtig sind außerdem die Bestimmungen für Sonderabfall/Sondermüll:

Sammeln von schadstoffbelastenden und/oder verwertbaren Produkten, z. B.
– Batterien (lt. Batterieverordnung)
– Elektro- und Elektonikgeräten (lt. Elektro-Gesetz)
– Kleidung

Die Lösung der Aufgabe 11.05 muss daher wie folgt lauten:

a) Batterien → Sondermüllbehälter — a) 5
b) Alu-Konservendosen → Gelbe Tonne — b) 3
c) zerbrochene und verschmutzte Gläser → Glascontainer — c) 1
d) gebrauchte Filtertüten → Biotonne — d) 4
e) Blanko-Briefblätter, die nicht mehr benutzt werden → Aktenvernichter. (Achtung: Hier ist eine missbräuchliche Nutzung möglich. Daher ist eine Vernichtung im Aktenvernichter notwendig.) — e) 6
f) Farb- und Lackreste → Sondermüllbehälter — f) 5
g) Vakuumverpackungen → Gelbe Tonne — g) 3
h) leere Flaschen → Glascontainer — h) 1
i) Papierstapel mit vertraulichen Daten → Aktenvernichter — i) 6
j) benutzte Pappteller → Gelbe Tonne — j) 3
k) Bananenschalen → Biotonne — k) 4
l) Fachzeitschriften, die nicht mehr benötigt werden → Papiercontainer — l) 2
m) CDs mit Unternehmensdaten → Shredder für CDs/DVDs — m) 6

11.06

Die Festlegung der Unternehmensziele erfolgt auf der Grundlage der im Unternehmen vorhandenen Unternehmensgrundsätze.

Zu den Unternehmenszielen zählen u. a.

Ökonomische (wirtschaftliche) Ziele

- Leistungsziele (z. B. Ausdehnung des Marktanteils, Ausweitung des Vertriebsnetzes, Verwirklichung kreativer Innovationen)

- Erfolgsziele (z. B. Erhöhung des Gewinns)

- Finanzziele (z. B. Erhaltung der Zahlungsfähigkeit)

Soziale Ziele

- Förderung der Mitarbeiter durch Weiterbildung

- Gewinnbeteiligung der Mitarbeiter

- Humane Arbeitsbedingungen/angemessene Ausstattung der Produktionsstätten

- Leistungsgerechte Bezahlung

- Zulassung von Gewerkschaften/Betriebsräten etc.

a) 1
b) 3
c) 1
d) 2
e) 3
f) 1
g) 3
h) 2
i) 2

Ökologische Ziele

- Energiesparende Maßnahmen (z. B. Energiesparlampen, Stand-By-Reduktion)

- umweltgerechtes Verhalten (z. B. Bahn-Transporte, recycelfähiges Material)

- Einsatz regenerativer Energien in Anlagen und Fuhrpark (z. B. Solar-/Windkraftanlagen, Hybrid-Antrieb, biogene Kraftstoffe)

11.07

Nach dem **Kreislaufwirtschafts- und Abfallgesetz (KrW-/AbfG)** besteht für den Hersteller/Vertreiber die Pflicht, dass er nach dem Gebrauch der Produkte diese ordnungsgemäß entsorgt bzw. verwertet (§ 22). Ziel ist es, für geschlossene Materialkreisläufe (siehe unten stehende Abbildung) zu sorgen. Die Vorschriften des Gesetzes gelten für die

– Vermeidung von Rückständen

– Verwertung von Sekundärrohstoffen

– Entsorgung von Abfällen.

4

Die Maßnahmen **1.**, **2.**, **3.** und **5.** werden **nicht** vom KrW/AbfG gefordert.

Zu 1. Maßnahmen zum Schutz gegen Gefahren für Leben und Gesundheit sind in der Gewerbeordnung bzw. dem Arbeitsschutzgesetz festgelegt.

Zu 2. Die Kennzeichnungspflicht von Gefahrenquellen (u. a. ätzende, giftige, explosive Stoffe) ist in der Gefahrstoffverordnung festgelegt.

Zu 3. Nach der Verpackungsverordnung (VerpackV) sind Hersteller und Vertreiber verpflichtet (§ 4), Transportverpackungen nach Gebrauch zurückzunehmen und einer erneuten Verwendung oder einer stofflichen Verwertung außerhalb des öffentlichen Abfallentsorgungssystems (z. B. Duales System Deutschland – DSD) zuzuführen.

Zu 5. Die Mindestanforderungen für Bildschirmarbeitsplätze sind in der Bildschirmarbeitsverordnung (BildscharbV) festgelegt.

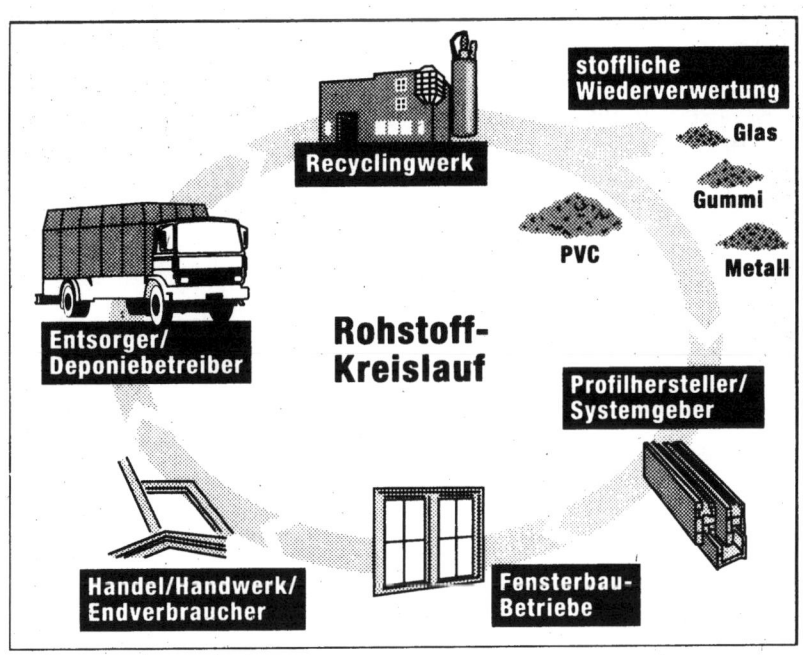

11.08

Die unter **4.** aufgeführte Feststellung ist **nicht** zutreffend.

4

Die Verpackungsverordnung formuliert ausdrücklich den Schutz und Ausbau von Mehrwertsystemen. Dadurch soll der Verpackungsmüll auf den Mülldeponien verringert, ein Kreislauf für Wertstoffe organisiert und Ressourcen gespart werden. Eine umweltschonende Logistik gehört zu den Aufgaben der Logistik-Abteilungen.

Es gibt allerdings auch ökologisch vertretbare Einwegverpackungen, z. B. Getränke-Polyethylen-Schlauchbeutel-Verpackungen und Folien-Standbodenbeutel.

Zu 1. Diese Feststellung ist **zutreffend.** Hersteller und Vertreiber sind verpflichtet, Transportverpackungen nach Gebrauch zurückzunehmen. Siehe dazu den unten stehenden Auszug aus der Verpackungsverordnung.

Zu 2. 3 und 5. Diese Feststellungen sind **zutreffend.**

§ 4 Rücknahmepflichten für Transportverpackungen

(1) Hersteller und Vertreiber sind verpflichtet, Transportverpackungen nach Gebrauch zurückzunehmen. Im Rahmen wiederkehrender Belieferungen kann die Rücknahme auch bei einer der nächsten Anlieferungen erfolgen.

(2) Die zurückgenommenen Transportverpackungen sind einer erneuten Verwendung oder einer stofflichen Verwertung zuzuführen, soweit dies technisch möglich und wirtschaftlich zumutbar ist (§ 5 Abs. 4 des Kreislaufwirtschafts- und Abfallgesetzes), insbesondere für einen gewonnenen Stoff ein Markt vorhanden ist oder geschaffen werden kann. Bei Transportverpackungen, die unmittelbar aus nachwachsenden Rohstoffen herstellt sind, ist die energetische Verwertung der stofflichen Verwertung gleichgestellt.

Verordnung über die Vermeidung und Verwertung von Verpackungsabfällen
(Verpackungsverordnung – VerpackV) – Auszug

11.09

a) Diese Abfälle werden umgangssprachlich als **„Sonderabfall"**, Sondermüll" oder auch „Giftmüll" bezeichnet. `4`

b) Abfallbestandteile, die zur Verwertung geeignet sind und getrennt gesammelt werden, werden wiederverwertet und sind daher **Wertstoffe.** `2`

c) **Deponien** sind Abfallentsorgungsanlagen zur dauerhaften, geordneten und kontrollierten Ablagerung von Abfällen und unterliegen strengen gesetzlichen Anforderungen zur umweltverträglichen Entsorgung. `1`

d) **Bioabfall** sind organische Abfälle tierischer oder pflanzlicher Herkunft, z. B. Küchen- und Gartenabfälle. Sie können zum Kompostieren verwendet werden. `3`

e) Verpackungen, die den Transport von Waren erleichtern, die Waren auf dem Transport vor Schäden bewahren oder die aus Gründen der Sicherheit des Transports verwendet werden und beim Vertreiber anfallen, werden als **Transportverpackung** bezeichnet. `7`

f) **Verkaufsverpackungen** sind Verpackungen, die als eine Verkaufseinheit angeboten werden und beim Endverbraucher anfallen.

> Verkaufsverpackungen im Sinne der Verordnung sind auch Verpackungen des Handels, der Gastronomie und anderer Dienstleister, die die Übergabe von Waren an den Endverbraucher ermöglichen oder unterstützen (Serviceverpackungen) sowie Einweggeschirr.  `6`

Verpackungsverordnung: Begriffsbestimmungen § 3 – Auszug

g) **Umverpackungen** sind Verpackungen, die der äußerlichen Aufwertung der Ware dienen und als Verpackung im eigentlichen Sinne nicht unbedingt notwendig sind. Oft findet man sie bei Kosmetikartikeln, z. B. um Cremetöpfchen als dünne, zusätzliche Pappumhüllung. `5`

11.10

Die Feststellung **2.** ist **nicht** zutreffend:　　　　　　　　　　　　　　　　2

„...20 percent *less* fuel than any other airplane of its size": 20 Prozent *weniger* Treibstoff ...

Alle anderen Feststellungen sind richtig.

Zu 1. Maximum Takeoff Weight: 354,000 pounds *(165,100 kilograms)*

Zu 3. Range: 2,500 to 3,050 nautical miles *(4,650 to 5,650 kilometers)*

Zu 4. ... is a *mid-sized* ... jet airliner ...

Zu 5. It will also be the first major airliner to use *composite material* for most of its construction.

Fotos	Seite
DRK-Service GmbH	138
GettyImages	63
Hapag-Lloyd AG	68
MEV Verlag	13
Zurich Gruppe Deutschland	55

Titelbild

Stockxpert